Impressum
Verlag: BABADADA GmbH, Nedderfeld 112 , 22529 Hamburg
Geschäftsführer / Verlagsleitung: Harald Hof
Druck: Books on Demand GmbH, In de Tarpen 42, 22848 Norderstedt

Imprint
Publisher: BABADADA GmbH, Nedderfeld 112 , 22529 Hamburg, Germany
Managing Director / Publishing direction: Harald Hof
Print: Books on Demand GmbH, In de Tarpen 42, 22848 Norderstedt

ໂຮງຮຽນ
school

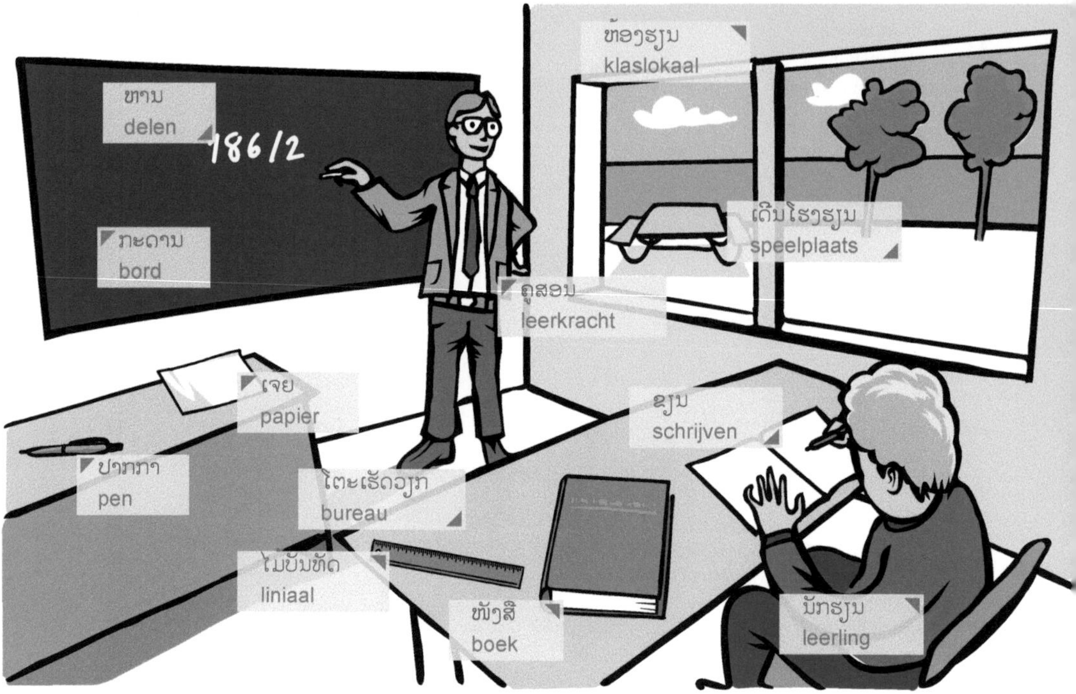
ຫ້ອງຮຽນ
klaslokaal
ຫານ
delen
186/2
ເດີ່ນໂຮງຮຽນ
speelplaats
ກະດານ
bord
ຄູສອນ
leerkracht
ເຈ້ຍ
papier
ຂຽນ
schrijven
ປາກກາ
pen
ໂຕະເຮັດວຽກ
bureau
ໄມ້ບັນທັດ
liniaal
ໜັງສື
boek
ນັກຮຽນ
leerling

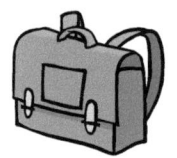

ກະເປົາໃສ່ປຶ້ມທີ່ມີສາຍພາຍ

schooltas

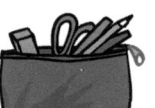

ກັບສໍດຳ

pennenzak

ສໍດຳ

potlood

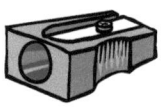

ເຄື່ອງແຫຼມສໍ

puntenslijper

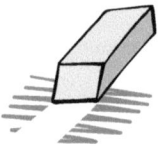

ຢາງລຶບ

gom

ສະໝຸດແຕ້ມຮູບ

tekenblok

ພາບວາດ
....
tekening

ແປງທາສີ
....
verfborstel

ກ່ອງສີ
....
verfdoos

ມີດຕັດ
....
schaar

ກາວ
....
lijm

ປື້ມເຝິກຫັດ
....
werkboek

ວຽກບ້ານ
....
huiswerk

12

ຕົວເລກ
....
nummer

2+2

ບວກ
....
optellen

5-2

ລົບ
....
aftrekken

2×2

ຄູນ
....
vermenigvuldigen

ຄິດໄລ່
....
rekenen

A

ຕົວອັກສອນ
....
letter

ABCDEFG HIJKLMN OPQRSTU VWXYZ

ພະຍັນຊະນະ
....
alfabet

hello

ຄຳສັບ
....
woord

ຂໍ້ຄວາມ

tekst

ອ່ານ

Lezen

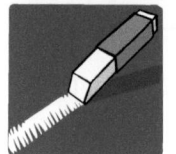

ສໍຂາວ

krijt

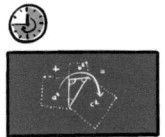

ບົດຮຽນ

les

ລົງທະບຽນ

klassenboek

ການສອບເສັງ

examen

ໃບຍັ້ງຢືນ

certificaat

ຊຸດນັກຮຽນ

schooluniform

ການສຶກສາ

onderwijs

ປຶ້ມຮວບຮວມຄວາມຮູ້ສາລະພັດ

encyclopedie

ມະຫາວິທະຍາໄລ

universiteit

ກ້ອງຈຸລະທັດ

microscoop

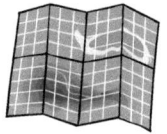

ແຜນທີ່

kaart

ກະຕ່າໃສ່ເສດເຈ້ຍ

papiermand

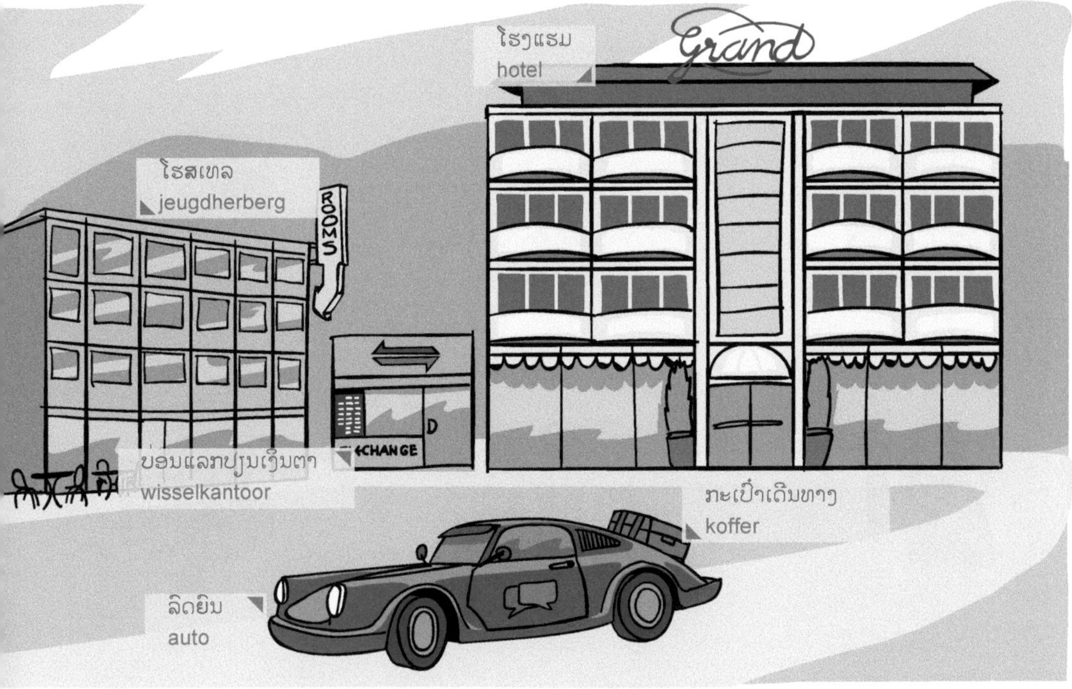

ໂຮງແຮມ
hotel
Grand
ໂຮສເທລ
jeugdherberg
ROOMS
ບ່ອນແລກປ່ຽນເງິນຕາ
wisselkantoor
CHANGE
ກະເປົ໋າເດີນທາງ
koffer
ລົດຍົນ
auto

ພາສາ

Taal

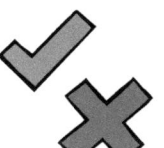

ແມ່ນ / ບໍ່ແມ່ນ

ja / nee

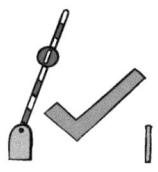

ຕົກລົງ

oké

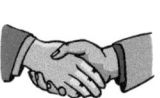

ສະບາຍດີ

hallo

ນັກແປພາສາ

vertaler

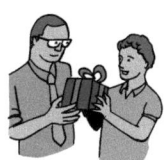

ຂອບໃຈ

bedankt

ລາຄາເທົ່າໃດ...?

Hoeveel kost ...?

ຂ້ອຍບໍ່ເຂົ້າໃຈ

Ik begrijp het niet

ບັນຫາ

probleem

ສະບາຍດີຕອນແລງ!

Goedenavond!

ສະບາຍດີຕອນເຊົ້າ!

Goedemorgen!

ລາຕິສະຫວັດ

Goedenavond!

ລາກ່ອນ

Tot ziens

ທິດທາງ

richting

ກະເປົາເດີນທາງ

bagage

ກະເປົ໋າ

zak

ກະເປົາພາຍຫຼັງ

rugzak

ແຂກ

gast

ຫ້ອງ

kamer

ຖິງໃສ່ເຄື່ອງນອນ

slaapzak

ເຕັ້ນ

tent

ຂໍ້ມູນນັກທ່ອງທ່ຽວ

toeristeninformatie

ຊາຍຫາດ

strand

ບິດເຄຣດິດ

kredietkaart

ອາຫານເຊົ້າ

ontbijt

ອາຫານທ່ຽງ

lunch

ອາຫານແລງ

avondeten

ປີ້

ticket

ລິຟ

lift

ສະແຕມ

postzegel

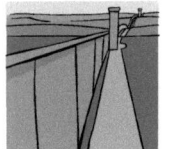

ພົມແດນ

grens

ພາສີ

douane

ສະຖານທູດ

ambassade

ວີຊາ

visum

ໜັງສືຜ່ານແດນ

paspoort

ຂົນສົ່ງ

transport

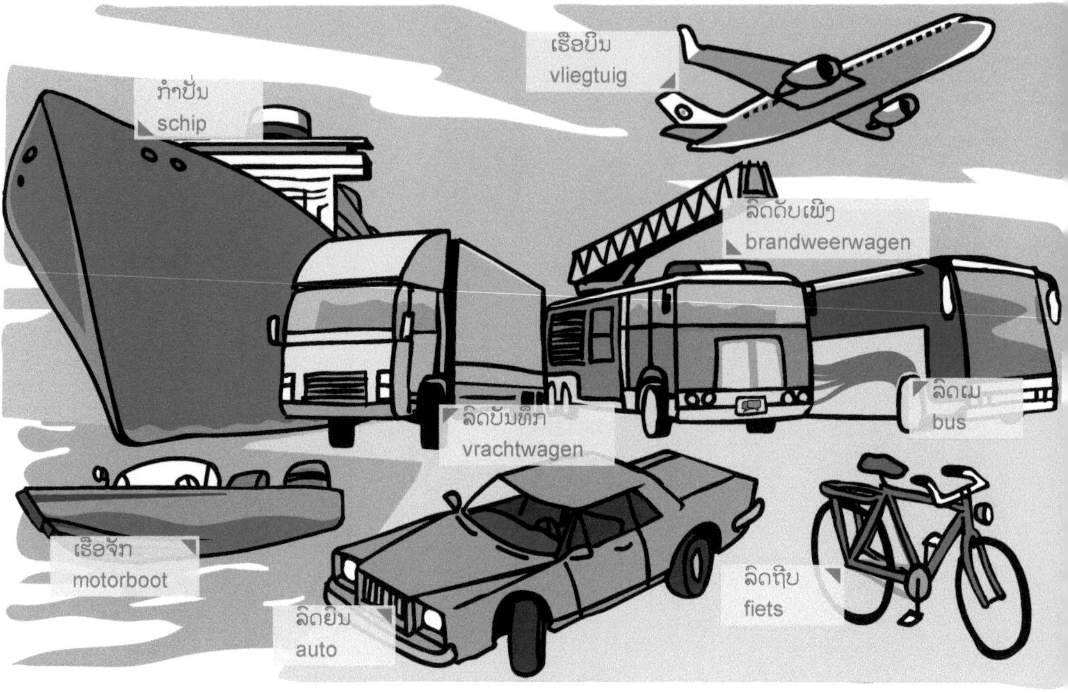
ເຮືອບິນ
vliegtuig
ກຳປັ່ນ
schip
ລົດດັບເພີງ
brandweerwagen
ລົດເມ
bus
ລົດບັນທຸກ
vrachtwagen
ເຮືອຈັກ
motorboot
ລົດຖີບ
fiets
ລົດຍົນ
auto

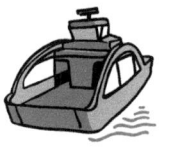

ເຮືອຂ້າມຟາກ

veerboot

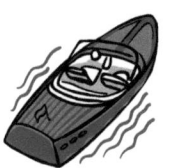

ເຮືອ

boot

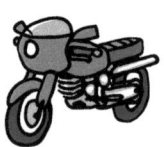

ລົດຈັກ

motor

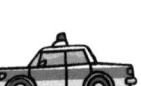

ລົດຕຳຫຼວດ

politiewagen

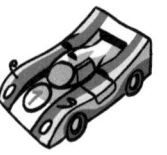

ລົດແຂ່ງ

racewagen

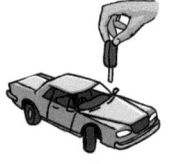

ລົດເຊົ່າ

huurauto

ການແບ່ງປັນກັນໃຊ້ລົດ

carpoolen

ລົດລາກ

sleepwagen

ລົດຂົນຂີ້ເຫຍື້ອ

vuilniswagen

ເຄື່ອງຍົນ

motor

ເຊື້ອໄຟ

benzine

ປັ້ມນ້ຳມັນ

benzinestation

ປ້າຍຈາລະຈອນ

verkeersbord

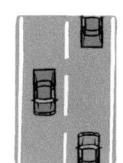

ການຈາລະຈອນ

verkeer

ການຈາລະຈອນຕິດຂັດ

file

ບ່ອນຈອດລົດ

parkeerplaats

ສະຖານີລົດໄຟ

station

ລາງລົດໄຟ

sporen

ລົດໄຟ

trein

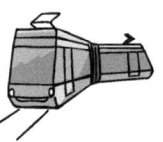

ລົດລາງ

tram

ຕູ້ລົດໄຟ

wagon

ເຮລິຄອບເຕີ

helikopter

ສະໜາມບິນ

luchthaven

ຫໍຄອຍ

toren

ຜູ້ໂດຍສານ

passagier

ຕູ້ບັນຈຸສິນຄ້າ

container

ກ່ອງເຈ້ຍ

karton

ກວຽນ

kar

ກະຕ່າ

mand

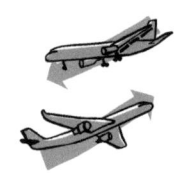

ເຮືອບິນຂຶ້ນ / ເຮືອບິນລົງຈອດ

opstijgen / landen

ເມືອງ

stad

ບ້ານ

dorp

ໃຈກາງເມືອງ

stadscentrum

ເຮືອນ

huis

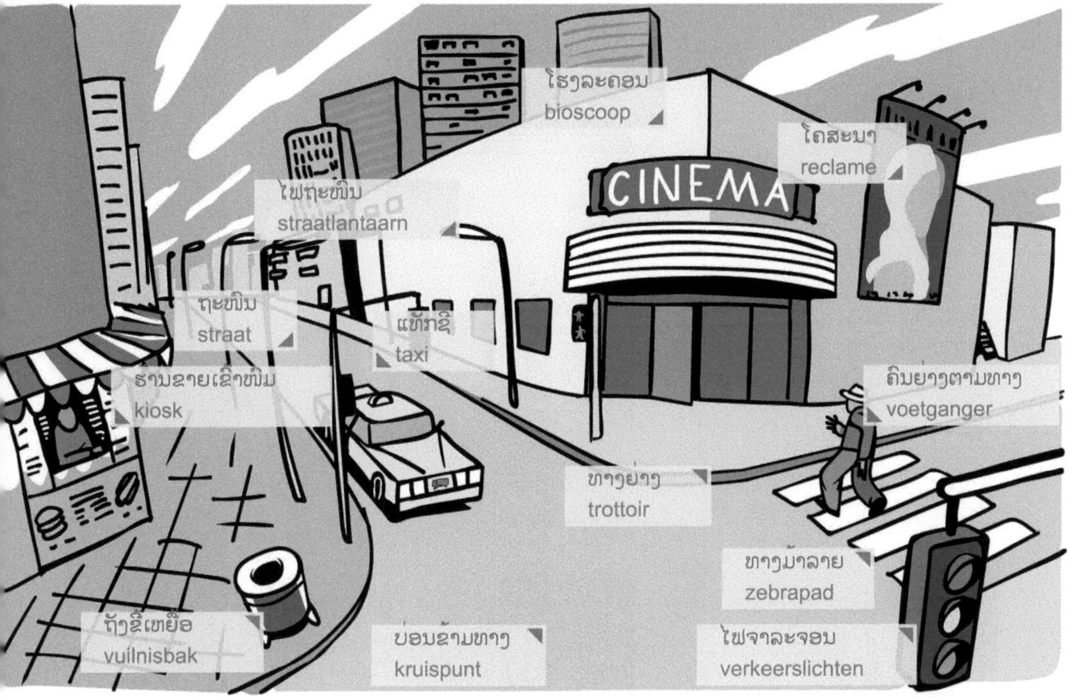

ໂຮງລະຄອນ
bioscoop

ໂຄສະນາ
reclame

ໄຟຖະໜົນ
straatlantaarn

CINEMA

ຖະໜົນ
straat

ແທັກຊີ
taxi

ຮ້ານຂາຍເຂົ້າໜົມ
kiosk

ຄົນຍ່າງຕາມທາງ
voetganger

ທາງຍ່າງ
trottoir

ທາງມ້າລາຍ
zebrapad

ຖັງຂີ້ເຫຍື້ອ
vuilnisbak

ບ່ອນຂ້າມທາງ
kruispunt

ໄຟຈາລະຈອນ
verkeerslichten

ຕູບ

hut

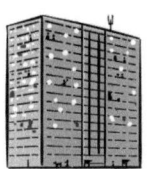

ແຟລດ

woning

ສະຖານີລົດໄຟ

station

ໂຮງການເມືອງ

stadshuis

ຫໍພິພິດຕະພັນ

museum

ໂຮງຮຽນ

school

ມະຫາວິທະຍາໄລ

universiteit

ທະນາຄານ

bank

ໂຮງໝໍ

ziekenhuis

ໂຮງແຮມ

hotel

ຮ້ານຂາຍຢາ

apotheek

ຫ້ອງການ

kantoor

ຮ້ານຂາຍໜັງສື

boekwinkel

ຮ້ານຄ້າ

winkel

ຮ້ານຂາຍດອກໄມ້

bloemenwinkel

ຊຸບເປີມາກເກັດ

supermarkt

ຕະຫຼາດ

markt

ຫ້າງສັບພະສິນຄ້າ

warenhuis

ຮ້ານຂາຍປາ

vishandelaar

ສູນການຄ້າ

winkelcentrum

ທ່າເຮືອ

haven

ສວນສາທາລະນະ

park

ແປ້ນມ້າ

bank

ຂົວ

brug

ຂັ້ນໃດ

trap

ລົດໄຟໃຕ້ດິນ

metro

ອຸໄມງ

tunnel

ປ້າຍລົດເມ

bushalte

ຮ້ານຂາຍເຫຼົ້າ

bar

ຮ້ານອາຫານ

restaurant

ຕູ້ໄປສະນີ

brievenbus

ປ້າຍຊື່ຖະໜົນ

straatnaambord

ມິເຕີເກັບຄ່າຝາກລົດ

parkeermeter

ສວນສັດ

zoo

ສະລອຍນ້ຳ

zwembad

ວັດມຸດສະລິມ

moskee

ຟາມ

boerderij

ມິນລະພິດ

milieuverontreiniging

ສຸສານ

kerkhof

ໂບດ

kerk

ເດິ່ນຫຼິ້ນຂອງເດັກນ້ອຍ

speelplaats

ວັດມຸດສະລິມ

tempel

ພູມີປະເທດ
landschap

ໃບໄມ້
blad

ປ້າຍບອກທາງ
wegwijzer

ທາງ
weg

ທົ່ງຫຍ້າ
weide

ກ້ອນຫີນ
steen

ຕົ້ນໄມ້
boom

ນັກເດີນທາງໄກດ້ວຍການຍ່າງ
wandelaar

ແມ່ນ້ຳ
rivier

ຫຍ້າ
gras

ດອກໄມ້
bloem

ຮ່ອມພູ

vallei

ເນີນເຂົາ

heuvel

ທະເລສາບ

meer

ປ່າ

bos

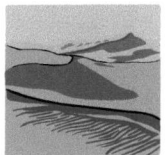

ທະເລຊາຍ

woestijn

ພູເຂົາໄຟ

vulkaan

ທຳປະສາດ

kasteel

ຮຸ້ງກິນນ້ຳ

regenboog

ເຫັດ

paddenstoel

ຕົ້ນປາມ

palmboom

ຍຸງ

mug

ແມງວັນ

vlieg

ມົດ

mier

ເຜີ້ງ

bijl

ແມງມຸມ

spin

ແມງບົ້ງແຂງ

kever

ກົບ

kikker

ກະຮອກ

eekhoorn

ເໝັ້ນ

egel

ກະຕ່າຍປ່າ

haas

ນົກເຄົ້າ

uil

ນົກ

vogel

ຫົງ

zwaan

ໝູປ່າຕົວຜູ້

wild zwijn

ກວາງ

hert

ກວາງໃຫຍ່

eland

ເຂື່ອນ

dam

ໜາກປັ່ນ

windturbine

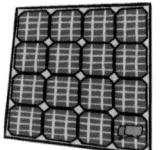

ແຜງໄຊລາເຊລ

zonnepaneel

ສະພາບອາກາດ

klimaat

ຮ້ານອາຫານ

restaurant

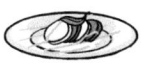

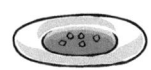

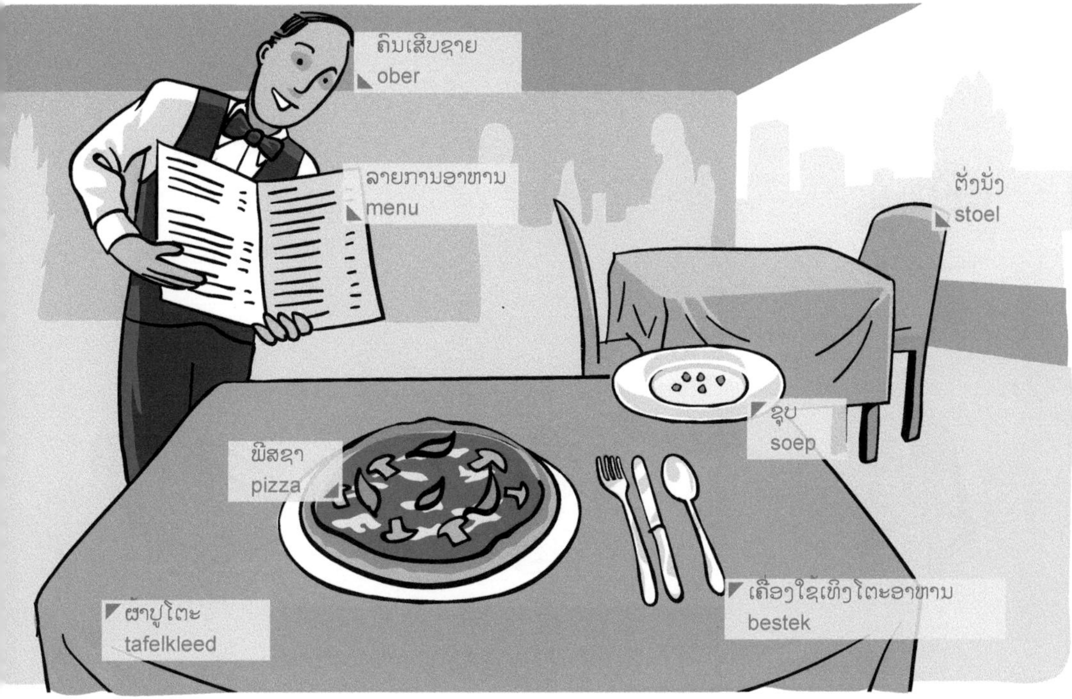

ຄົນເສີບຊາຍ
ober
ລາຍການອາຫານ
menu
ຕັ່ງນັ່ງ
stoel
ຊຸບ
soep
ພີສຊາ
pizza
ຜ້າປູໂຕະ
tafelkleed
ເຄື່ອງໃຊ້ເທິງໂຕະອາຫານ
bestek

ອາຫານເລີ່ມຕົ້ນ
....
voorgerecht

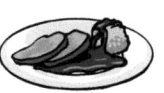

ອາຫານຈານຫຼັກ
....
hoofdgerecht

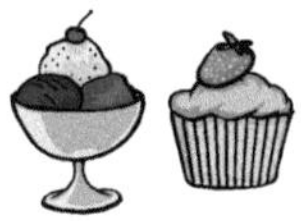

ຂອງຫວານ
....
nagerecht

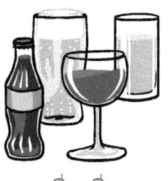

ເຄື່ອງດື່ມ
....
drankjes

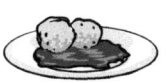

ອາຫານ
....
eten

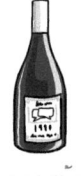

ຂວດແກ້ວ
....
fles

ອາຫານຈານດ່ວນ
....
fastfood

ຮ້ານຂ້າງທາງ
....
street food

ເຕົ້ານ້ຳຊາ
....
theepot

ຖ້ວຍນ້ຳຕານ
....
suikerpot

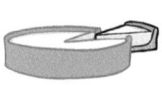

ສ່ວນແບ່ງອາຫານສຳລັບໜຶ່ງຄົນ
....
portie

ເຄື່ອງຈັກກາເຟເອສເປຣສໂຊ
....
espressomachine

ເກົ້າອີ້ສູງ
....
kinderstoel

ໃບເກັບເງິນ
....
rekening

ຖາດ
....
dienblad

ມີດ
....
mes

ສ້ອມ
....
vork

ບ່ວງ
....
lepel

ຊ້ອນຊາ
....
theelepel

ຜ້າເຊັດປາກຢູ່ໂຕະອາຫານ
....
serviette

ຈອກແກ້ວ
....
glas

ຈາມ

bord

ຈາມຊຸບ

soepbord

ຈາມຮອງ

schoteltje

ຊອສ

saus

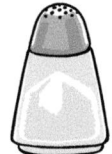

ກະປຸກເກືອ

zoutvatje

ກະປຸກພິກໄທ

pepermolen

ນ້ຳສົ້ມສາຍຊູ

azijn

ນ້ຳມັນພືດ

olie

ເຄື່ອງເທດ

kruiden

ຊອສໝາກເດັ່ນ

ketchup

ຜັກກາດຈຳພວກຜັກກາດ

mosterd

ມາຍອນເນສ

mayonaise

ຊູບເປີມາກເກັດ

supermarkt

ຂໍ້ສະເໜີພິເສດ
aanbieding
FOR
ລູກຄ້າ
klant
ຜະລິດຕະພັນທີ່ເຮັດຈາກນົມ
zuivelproducten
ລົດຊຸກ
winkelwagen
ໝາກໄມ້
fruit

BUTCHERS

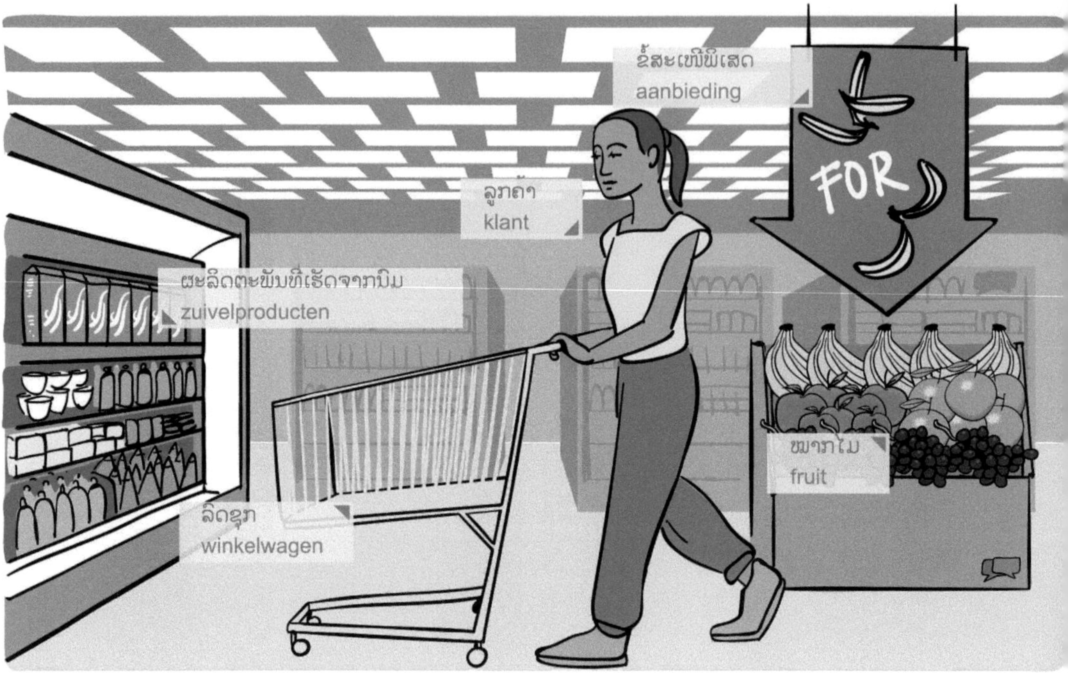

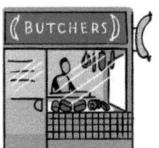

ຮ້ານຂາຍຊີ້ນ

slagerij

BAKERY

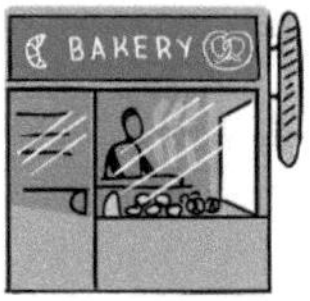

ຮ້ານຂາຍເຂົ້າໜົມປັງ

bakkerij

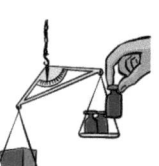

ຊັ່ງນ້ຳໜັກ

wegen

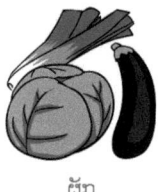

ຜັກ

groenten

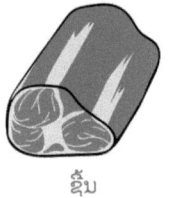

ຊີ້ນ

vlees

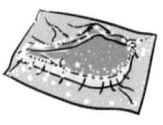

ອາຫານແຊ່ແຂງ

diepvriesvoedsel

ຊີ້ນເຢັນ
charcuterie

ອາຫານກະປ໋ອງ
conserven

ແຜ່ນຊັກເຄື່ອງ
waspoeder

ເຂົ້າໜົມຫວານ
snoep

ຜະລິດຕະພັນໃນຄົວເຮືອນ
huishoudproducten

ຜະລິດຕະພັນທຳຄວາມສະອາດ
schoonmaakproducten

ພະນັກງານຂາຍຍິງ
verkoopster

ເຄື່ອງຄິດເງິນ
kassa

ພະນັກງານເງິນສົດ
kassier

ລາຍການຊື້ເຄື່ອງ
boodschappenlijstje

ເວລາເປີດເຮັດວຽກ
openingstijden

ກະເປົາເງິນ
portefeuille

ບັດເຄຣດິດ
kredietkaart

ຖົງ
tas

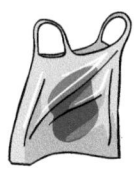

ຖົງຢາງ
plastieken zakje

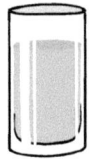

ນ້ຳ

water

ນ້ຳໝາກໄມ້

sap

ນົມ

melk

ໂຄກ

cola

ອາຍ

wijn

ເບຍ

bier

ເຫຼົ້າ

alcohol

ໂກໂກ້

cacao

ຊາ

thee

ກາເຟ

koffie

ເອສເປຣສໂຊ

espresso

ຄາປູຊີໂນ

cappuccino

ໝາກກ້ວຍ

banaan

ແອັບເປິ້ນ

appel

ໝາກກ້ຽງ

sinaasappel

ໝາກໂມ

meloen

ໝາກນາວ

citroen

ທົວກະຣົດ

wortel

ຜັກທຽມ

knoflook

ຕົ້ນໄຜ່

bamboe

ຫອມບົ່ວ

ajuin

ເຫັດ

champignon

ຖົ່ວ

noten

ເສັ້ນໝີ່

noodles

ສະປາແກັດຕີ້

spaghetti

ເຂົ້າ

rijst

ສະຫຼັດ

salade

ມັນຝຣັ່ງທອດ

frieten

ມັນຝຣັ່ງທອດ

gebakken aardappelen

ພິສຊາ

pizza

ແຮມເບີເກີ້

hamburger

ແຊນວິດຈ໌

sandwich

ຊີ້ນຕິດກະດູກ

kalfslapje

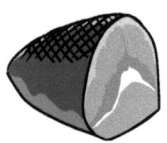

ແຮມ

ham

ໄສ້ກອກແຫ້ງຊາລາມິ

salami

ໄສ້ກອກ

worst

ໄກ່

kip

ຢ້າງ

braden

ປາ

vis

ເຂົ້າປຸກເຂົ້າໂອດ

havervlokken

ອາຫານຊະນິດເປັນເມັດກອບ

muesli

ເຂົ້າຍວບເປັນປ່ຽງນ້ອຍໆ

cornflakes

ເຂົ້າແປ້ງ

bloem

ເຂົ້າຈີ່ຊະນິດໜຶ່ງມີຮູບເດືອນເຄີ່ງໜວຍ

croissant

ເຂົ້າໜົມປັງແບບນ້ອມ

pistolet

ເຂົ້າໜົມປັງ

brood

ເຂົ້າໜົມປັງປິ້ງ

toast

ເຂົ້າໜົມປັງຊະນິດກ້ອນນ້ອຍ

koekjes

ເນີຍ

boter

ນົມນິມແຂ້ນ

kwark

ເຄກ

taart

ໄຂ່

ei

ໄຂ່ດາວ

spiegelei

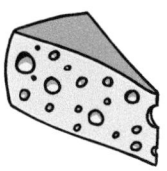

ເນີຍແຂງ

kaas

ກະແລ້ມ
....
ijs

ນ້ຳຕານ
....
suiker

ນ້ຳເຜິ້ງ
....
honing

ແຍມ
....
confituur

ຊ້ອກໂກແລັດຄຣີມສະເປຣດ
....
choco

ກະລີ່
....
curry

boerderij

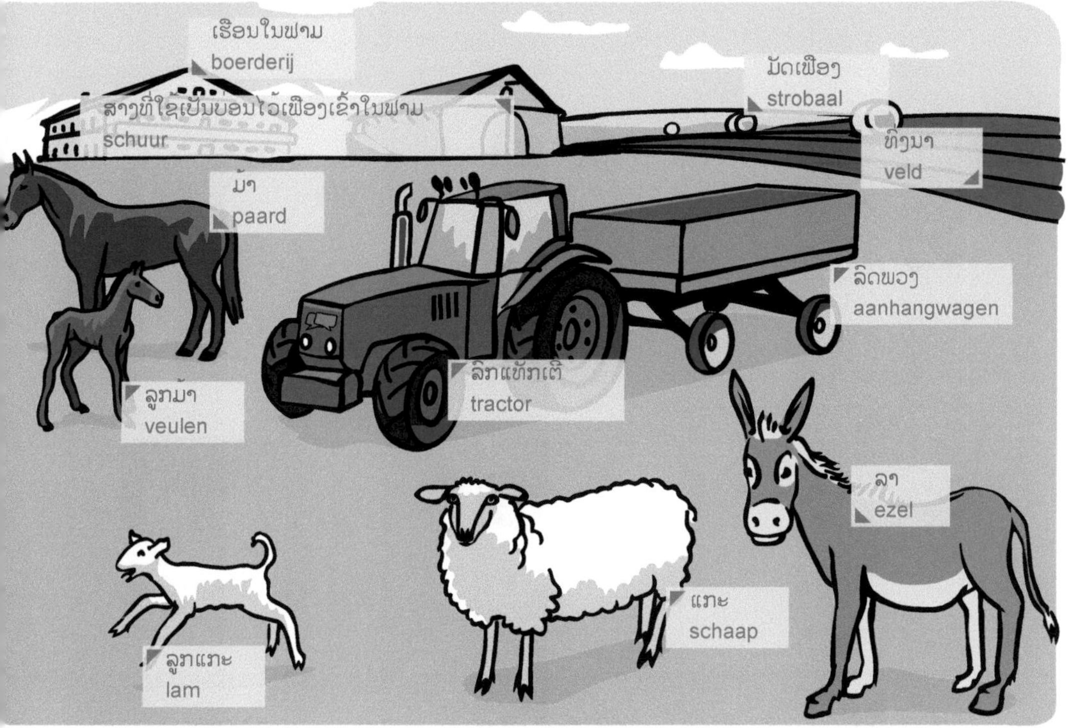
ເຮືອນໃນຟາມ
boerderij
ສາງທີ່ໃຊ້ເປັນບ່ອນໄວ້ເຟືອງເຂົ້າໃນຟາມ
schuur
ມັດເຟືອງ
strobaal
ທົ່ງນາ
veld
ມ້າ
paard
ລົດພວງ
aanhangwagen
ລົດແທັກເຕີ
tractor
ລູກມ້າ
veulen
ລາ
ezel
ແກະ
schaap
ລູກແກະ
lam

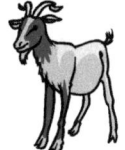

ແກະ
geit

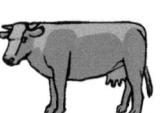

ງົວຕົວແມ່
koe

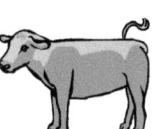

ລູກງົວ
kalf

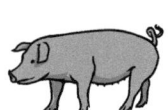

ໝູ
varken

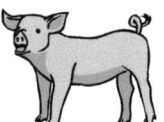

ລູກໝູ
biggetje

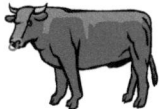

ງົວຕົວຜູ້
stier

ท่าบ
gans

ເປັດ
eend

ລູກໄກ່
kuiken

ແມ່ໄກ່
kip

ໄກ່ຜູ້
haan

ໜູ
rat

ແມວ
kat

ໜູ
muis

ງົວຕົວຜູ້
os

ໝາ
hond

ຄອກໝາ
hondenhok

ສາຍທໍ່ຍາງໆທີ່ໃຊ້ໃນສວນ
tuinslang

ຂ້ອງຫິດຕົ້ນໄມ້
gieter

ກ່ຽວດ້າມຍາວ
zeis

ຄັນໄຖ
ploeg

ກ່ຽວ

sikkel

ຈົກ

schoffel

ຄາດ

hooivork

ຂວານ

bijl

ລົດຍູ້ລໍ້ດ່ຽວ

kruiwagen

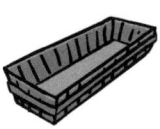

ທາງລົມ

trog

ປ່ອງນົມ

melkkan

ກະສອບ

zak

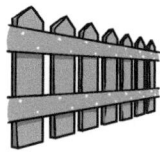

ຮົ້ວ

hek

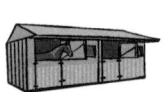

ຄອກມ້າ

stal

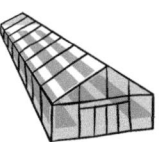

ເຮືອນກະຈົກ

broeikas

ດິນ

bodem

ແກ່ນ

zaad

ປຸ໋ຍ

mest

ເຄື່ອງກ່ຽວເຂົ້າ

maaidorser

ເກັບກ່ຽວ

oogsten

ການເກັບກ່ຽວ

oogst

ເຜືອກ

yam

ເຂົ້າສາລີ

tarwe

ຖົ່ວເຫຼືອງ

soja

ມັນຝັ່ງ

aardappel

ເຂົ້າໂພດ

maïs

ດອກເຣພຊິດ

koolzaad

ຕົ້ນໄມ້ທີ່ອອກໝາກ

fruitboom

ມັນຕົ້ນ

maniok

ພືດຊະນິດເມັດ

graan

ເຮືອນ

huis

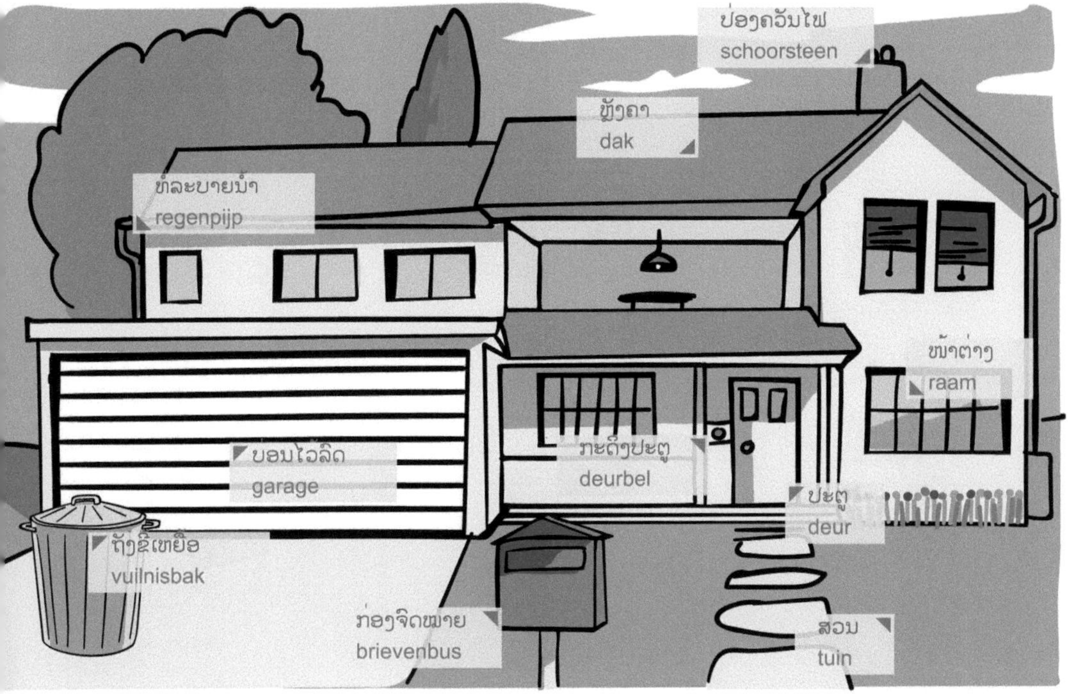
ປ່ອງຄວັນໄຟ
schoorsteen
ຫຼັງຄາ
dak
ທໍ່ລະບາຍນໍ້າ
regenpijp
ໜ້າຕ່າງ
raam
ບ່ອນໄວ້ລົດ
garage
ກະດິ່ງປະຕູ
deurbel
ປະຕູ
deur
ຖັງຂີ້ເຫຍື້ອ
vuilnisbak
ກ່ອງຈົດໝາຍ
brievenbus
ສວນ
tuin

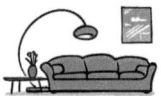

ຫ້ອງຮັບແຂກ

woonkamer

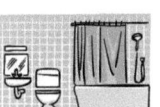

ຫ້ອງນ້ຳ

badkamer

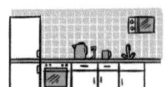

ຫ້ອງຄົວ

keuken

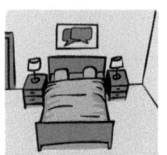

ຫ້ອງນອນ

slaapkamer

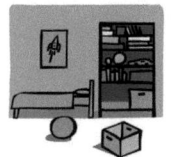

ຫ້ອງພັກສຳລັບເດັກນ້ອຍ

kinderkamer

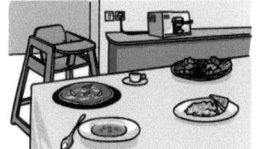

ຫ້ອງອາຫານ

eetkamer

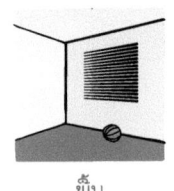

ພື້ນ
vloer

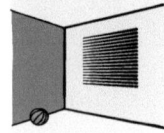

ຝາຜະໜັງ
muur

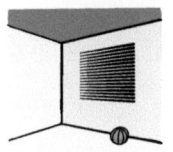

ເພດານ
plafond

ຫ້ອງເກັບເຄື່ອງໃຕ້ດິນ
kelder

ຫ້ອງອົບອາຍນ້ຳ
sauna

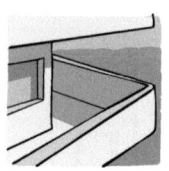

ລະບຽງ
balkon

ຊຸ້ມຕາມຂ້າງພູ
terras

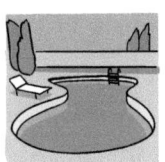

ສະລອຍນ້ຳ
zwembad

ເຄື່ອງຕັດຫຍ້າ
grasmaaier

ຜ້າປູບ່ອມນອນ
dekbedovertrek

ຜ້າປູຕຽງ
dekbed

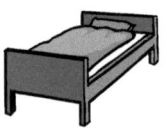

ຕຽງ
bed

ຟອຍ
bezem

ຖຸ
emmer

ສະວິດ
schakelaar

ຫ້ອງຮັບແຂກ

woonkamer

ພາບພື້ນຫຼັງ
behangpapier
ຮູບພາບ
foto
ໂຄມໄຟ
lamp
ຊັ້ນວາງຂອງ
schap
ຕູ້
kast
ໂທລະທັດ
televisie
ເຕົາຜີງ
open haard
ດອກໄມ້
bloem
ເບາະນັ່ງ
kussen
ໂຊຟາ
sofa
ໂຖໃສ່ດອກໄມ້
vaas
ຣີໂໝດຄວບຄຸມ
afstandsbediening

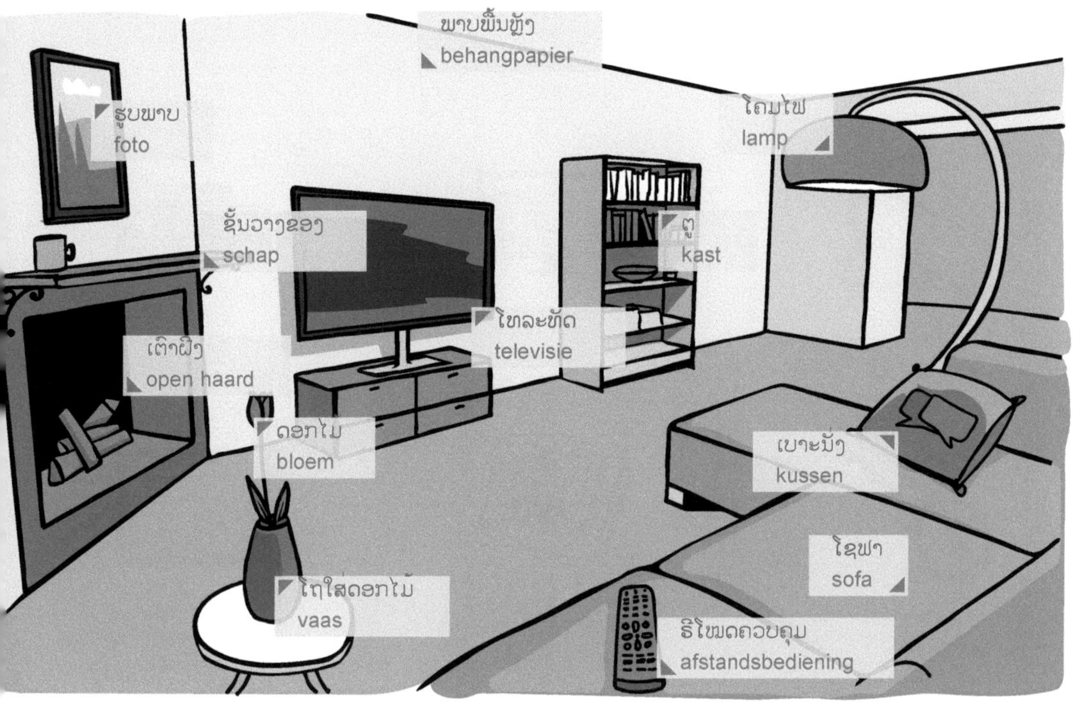

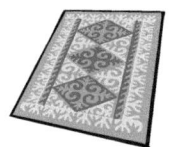

ພົມປູພື້ນ

mat

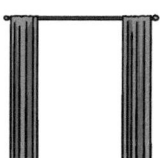

ຜ້າກັ້ງ

gordijn

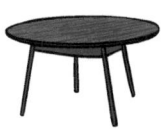

ໂຕະ

tafel

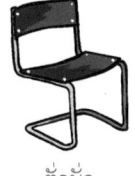

ຕັ່ງນັ່ງ

stoel

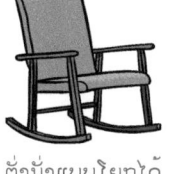

ຕັ່ງນັ່ງແບບໂຍກໄດ້

schommelstoel

ຕັ່ງນັ່ງທີ່ມີບ່ອນວາງແຂນ

fauteuil

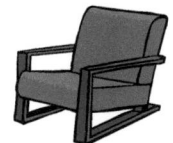

ໜັງສື

boek

ຜ້າຫົ່ມ

deken

ຂອງຕິກແຕ່ງ

decoratie

ຟືນ

brandhout

ຮູບເງົາ

film

ເຄື່ອງສຽງລະບົບໄຮໄຟ

stereo-installatie

ກະແຈ

sleutel

ໜັງສືພິມ

krant

ການແຕ້ມຮູບ

schilderij

ໂປສເຕີ

poster

ວິທະຍຸ

radio

ແຜ່ນບັນທຶກ

notitieboekje

ເຄື່ອງດູດຝຸ່ນ

stofzuiger

ຕົ້ນກະບອງເພັດ

cactus

ທຽນໄຂ

kaars

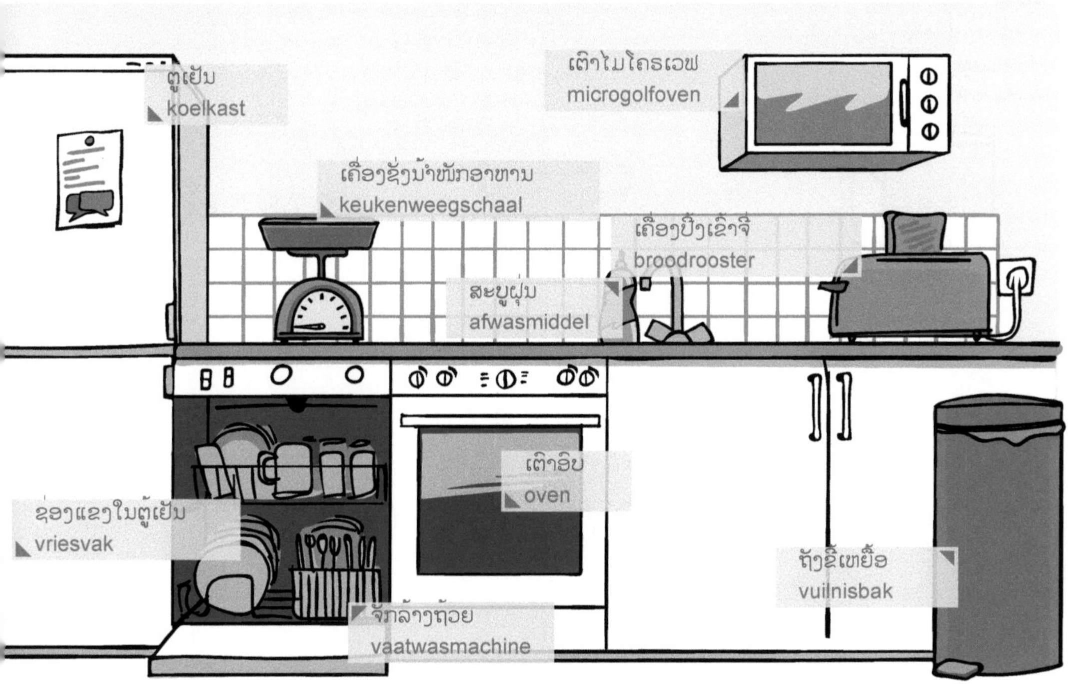

ຕູ້ເຢັນ
koelkast

ເຕົາໄມໂຄຣເອຟ
microgolfoven

ເຄື່ອງຊັ່ງນ້ຳໜັກອາຫານ
keukenweegschaal

ເຄື່ອງປີ້ງເຂົ້າຈີ່
broodrooster

ສະບູຝຸ່ນ
afwasmiddel

ຊ່ອງແຊ່ໃນຕູ້ເຢັນ
vriesvak

ເຕົາອົບ
oven

ຖັງຂີ້ເຫຍື້ອ
vuilnisbak

ຈັກລ້າງຖ້ວຍ
vaatwasmachine

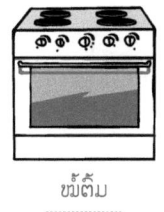

ໝໍ້ຕົ້ມ

fornuis

ໝໍ້

pot

ໝໍ້ເຫຼັກກ້າ

gietijzeren pot

ໝໍ້ກະທະຈີນ

wok / kadai

ໝໍ້ກະທະກົ້ນແບນ

pan

ກາຕົ້ມນ້ຳ

waterkoker

ໝໍ້ໄອໜ້າ

stoomkoker

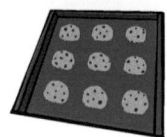

ຖາດອົບ

bakplaat

ເຄື່ອງຖ້ວຍຊາມ

servies

ຈອກທຶມ

mok

ຖ້ວຍ

kom

ໄມ້ທູ່

eetstokjes

ຈອງດ້າມຍາວ

pollepel

ຕະຫຼິວ

spatel

ເຄື່ອງຕີໄຂ່

garde

ກະຊອນ

vergiet

ເຄື່ອງຊອນ

zeef

ເຫຼັກຂູດ

rasp

ຄົກ

mortier

ບາບີຄິວ

barbecue

ແຄມໄຟຖ່ານອອນ

haardvuur

ຂຽງ

snijplank

ໄມ້ບົດແປ້ງ

deegrol

ເຫຼັກໄຂດອນແກ້ວ

kurkentrekker

ກະປ໋ອງ

blik

ເຄື່ອງເປີດກະປ໋ອງ

blikopener

ຖົງມືຈັບຂອງຮ້ອນ

pannenlap

ອ່າງລ້າງຈານ

gootsteen

ແປງ

borstel

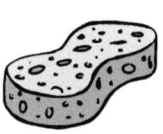

ຟອງນ້ຳ

spons

ເຄື່ອງປັ່ນ

blender

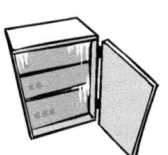

ຕູ້ແຊ່ແຂງ

vriezer

ຂວດນົມ

papfles

ກ໊ອກນ້ຳ

kraan

ຫ້ອງນ້ຳ

badkamer

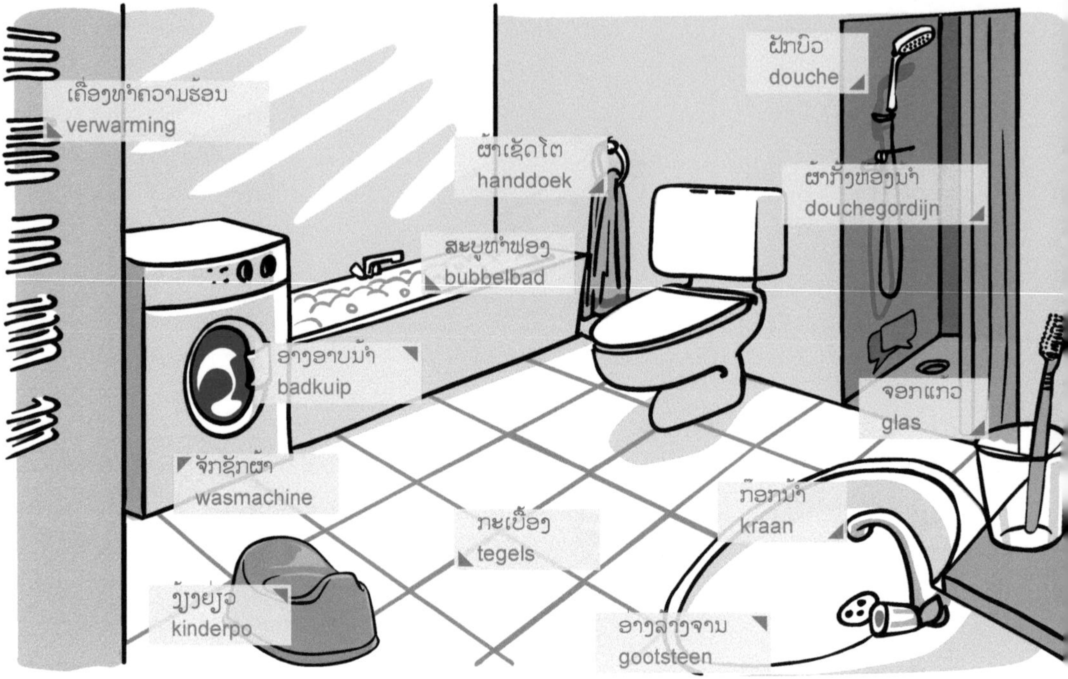
ເຄື່ອງທຳຄວາມຮ້ອນ
verwarming
ຜ້າເຊັດໂຕ
handdoek
ສະບູທຳຟອງ
bubbelbad
ຝັກບົວ
douche
ຜ້າກັ້ງຫ້ອງນ້ຳ
douchegordijn
ອ່າງອາບນ້ຳ
badkuip
ຈອກແກ້ວ
glas
ຈັກຊັກຜ້າ
wasmachine
ກ໊ອກນ້ຳ
kraan
ກະເບື້ອງ
tegels
ງຽວຍ່ຽວ
kinderpo
ອ່າງລ້າງຈານ
gootsteen

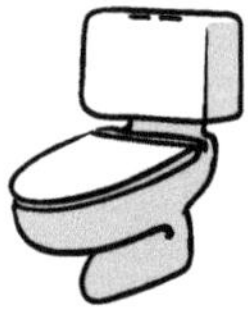

ຫ້ອງສ້ວມ

toilet

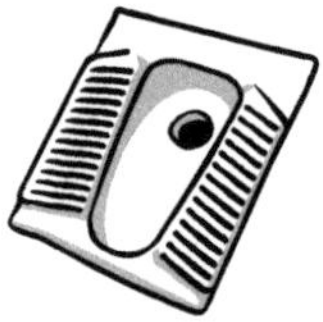

ໂຖສ້ວມແບບນັ່ງຍອງ

hurktoilet

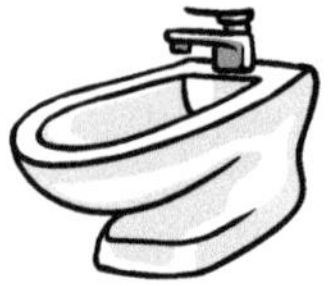

ໂຖຍ່ຽວຂອງຜູ້ຍິງ

bidet

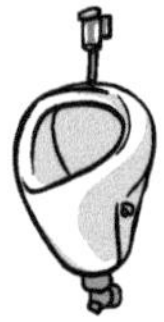

ໂຖຍ່ຽວຂອງຜູ້ຊາຍ

urinoir

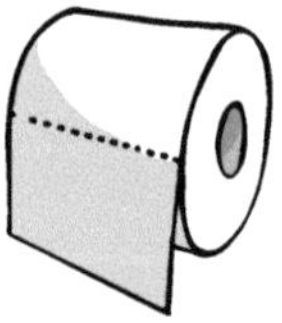

ກະດາດຊຳລະທີ່ໃຊ້ໃນຫ້ອງນ້ຳ

toiletpapier

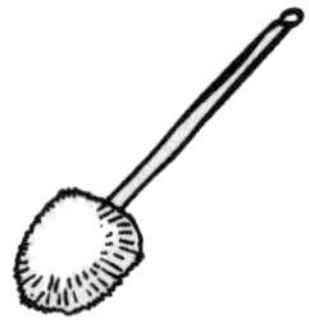

ແປງຂັດຫ້ອງນ້ຳ

toiletborstel

ແປງສີຟັນ

tandenborstel

ຢາສີຟັນ

tandpasta

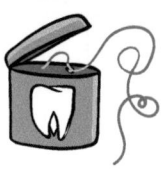

ໄໝຂັດແຂ້ວ

flosdraad

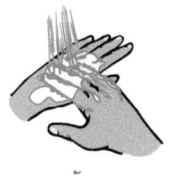

ລ້າງ

wassen

ຝາບົວອາບນ້ຳທີ່ໃຊ້ມືຈັບ

handdouche

ເຄື່ອງສີດລ້າງ

bidethanddouche

ອ່າງລ້າງໜ້າ

waskom

ແປງຖູຫຼັງ

rugborstel

ສະບູ

zeep

ເຈລອາບນ້ຳ

douchegel

ແຊມພູ

shampoo

ຜ້າຖູໂຕນ້ອຍ

washandje

ທໍ່ລະບາຍນ້ຳເສຍ

afvoer

ຄີມ

crème

ຢາດັບກິ່ນ

deodorant

ແວ່ນແຍງ

spiegel

ແວ່ນມືຖື

handspiegel

ມິດແຖຂວດ

scheermes

ໂຟມແຖຂວດ

scheerschuim

ໂລຊັ່ນບໍາລຸງຜິວຫຼັງແຖຂວດ

aftershave

ຫວີ

kam

ແປງ

borstel

ຈັກເປົ່າຜົມ

haardroger

ສະເປຊິດຜົມ

haarlak

ຊຸດເຄື່ອງສໍາອາງ

make-up

ລິບສະຕິກທາສົບ

lippenstift

ນໍ້າຢາທາເລັບ

nagellak

ສໍາລີ

watten

ມິດຕັດເລັບ

nagelknipper

ນໍ້າຫອມ

parfum

ກະເປົ໋າອາບນ້ຳ

toilettas

ຕັ່ງສາມຂາ

kruk

ເຄື່ອງຊັ່ງນ້ຳໜັກ

weegschaal

ເສື້ອຄຸມອາບນ້ຳ

badjas

ຖົງມືຢາງ

latex handschoenen

ຜ້າອະນາໄມແບບສອດ

tampon

ຜ້າອະນາໄມ

maandverband

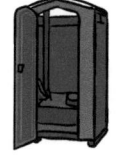

ຫ້ອງນ້ຳເຄມີ

chemisch toilet

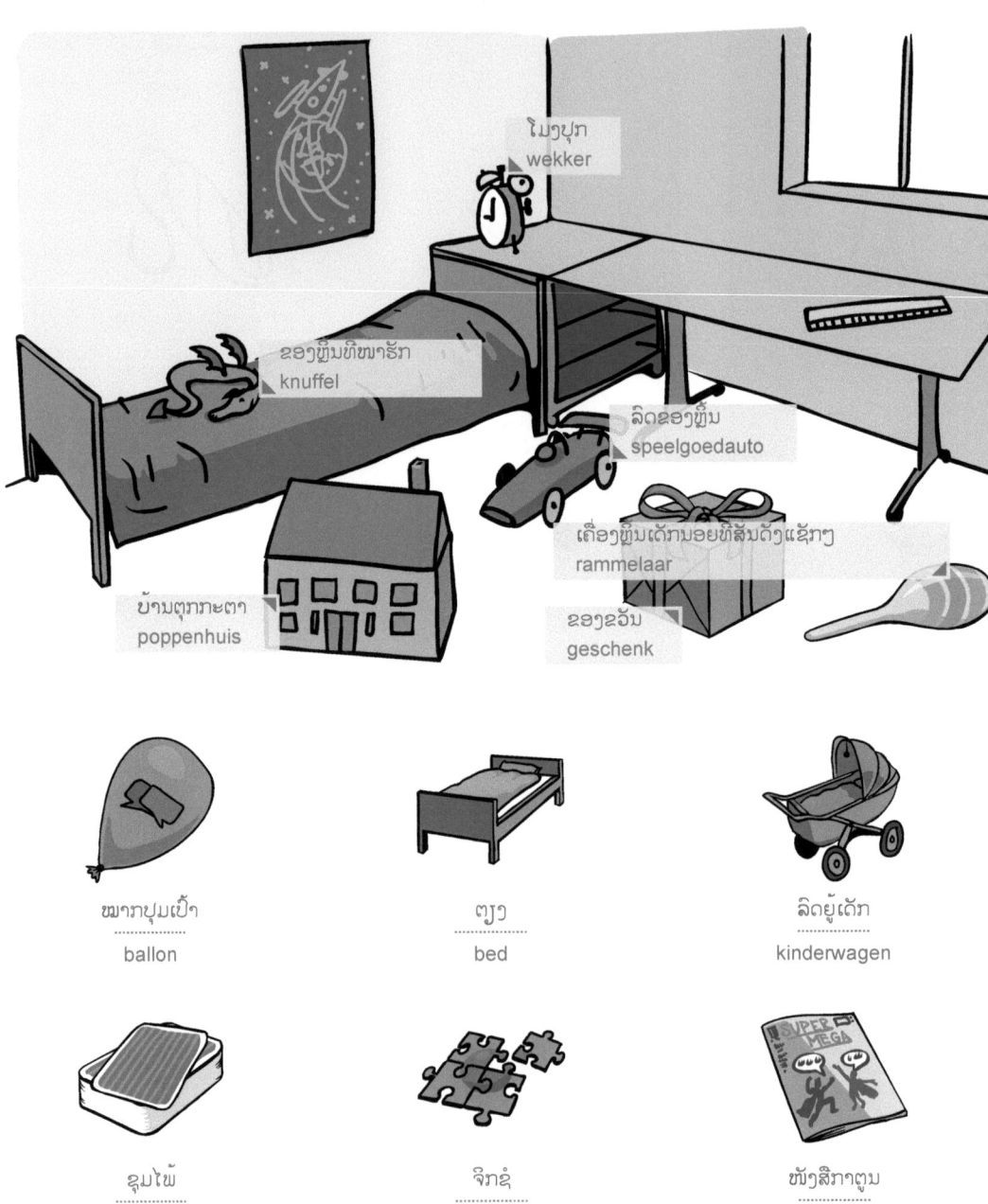

ໂມງປຸກ
wekker

ຂອງຫຼິ້ນທີ່ຫນ້າຮັກ
knuffel

ລົດຂອງຫຼິ້ນ
speelgoedauto

ເຄື່ອງຫຼິ້ນເດັກນ້ອຍທີ່ສັ່ນດັງໆແຊ້າໆ
rammelaar

ບ້ານຕຸກກະຕາ
poppenhuis

ຂອງຂວັນ
geschenk

ໝາກບຸມເປົ້າ	ຕຽງ	ລົດຍູ້ເດັກ
ballon	bed	kinderwagen
ຊຸມໄພ້	ຈິກຊໍ	ໜັງສືກາຕູນ
spel kaarten	puzzel	stripboek

ຕິວຕໍ່ເລໂກ້

legoblokjes

ບລັອກຂອງຫຼິ້ນ

blokken

ຮູບປັ້ນທີ່ເຄື່ອນໄຫວໄດ້

actiefiguur

ເສື້ອຜ້າເດັກເກີດໃໝ່

kruippakje

ຈາບບິນ

frisbee

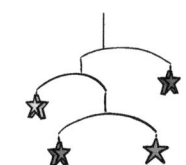

ສິ່ງທີ່ແກວ່ງໄປມາແຂນຢູ່ເທິງທ່ວ
ຕຽງເດັກນ້ອຍ

mobiel

ເກມກະດານ

bordspel

ໝາກກະລ້ອກ

dobbelsteen

ຊຸດລົດໄຟຈຳລອງ

modelspoorweg

ຮູບຫຸນ

fopspeen

ງານລ້ຽງ

feest

ໜັງສືພາບ

prentenboek

ໝາກບານ

bal

ຕຸກກະຕາ

pop

ຫຼິ້ນ

spelen

ຂຸມດິນຊາຍສຳລັບເດັກນ້ອຍຫຼິ້ນ

zandbak

ຊິງຊ້າ

schommel

ຂອງຫຼິ້ນ

speelgoed

ເຄື່ອງຫຼິ້ນວິດີໂອເກມ

spelconsole

ລົດຖີບສາມລໍ້

driewieler

ຕຸກກະຕາໝີ

knuffelbeer

ຕູ້ເສື້ອຜ້າ

kleerkast

ລອງເທົ້າ

sokken

ຖົງເທົ້າຍາວຜູ້ຍິງ

kousen

ໃສ້ງຍືດແບບເໝັອ

maillot

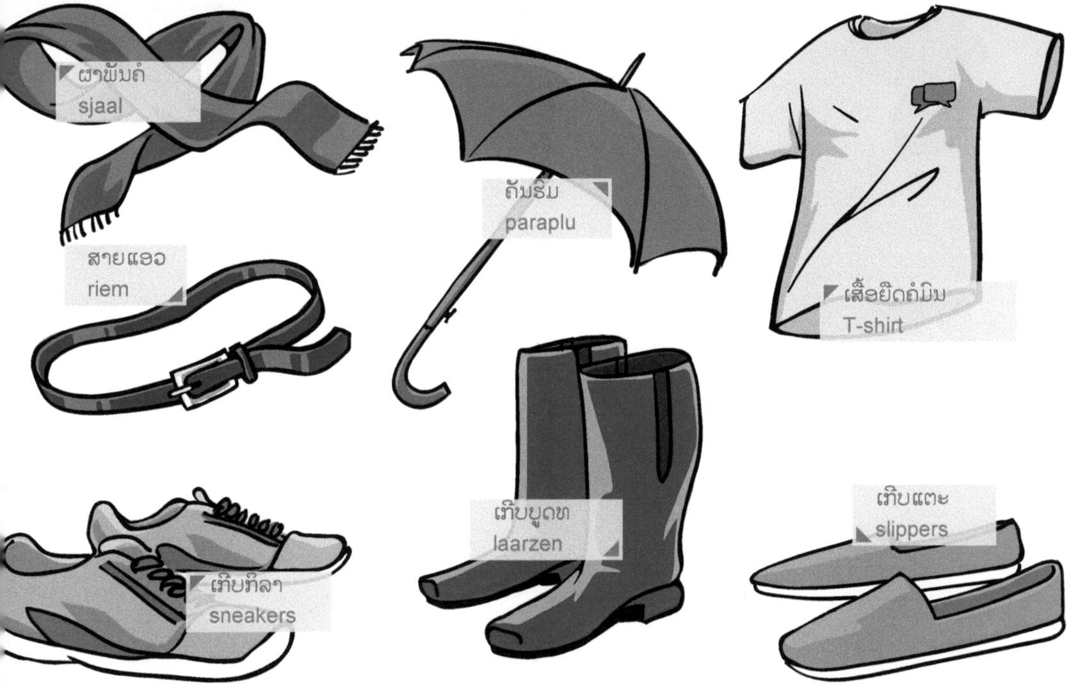

ຜ້າພັນຄໍ
sjaal

ສາຍແອວ
riem

ຄັນຮົ່ມ
paraplu

ເສື້ອຍືດຄໍມົນ
T-shirt

ເກີບບຸດທ
laarzen

ເກີບແຕະ
slippers

ເກີບກິລາ
sneakers

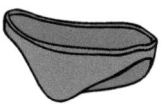

ເກີບຊ້າງດາມ

sandalen

ເກີບ

schoenen

ເກີບບຸດທ່ຍາງ

rubberlaarzen

ໂສ້ງຊ້ອນໃນ

onderbroek

ເສື້ອຊ້ອນໃນ

beha

ເສື້ອກ້າມ

onderhemd

ເສື້ອຮັດທຸ່ມ

lichaam

ໂສ້ງຂາຍາວ

broek

ໂສ້ງຍີບ

jeans

ກະໂປ່ງ

rok

ເສື້ອຜູ້ຍິງ

blouse

ເສື້ອເຊິດ

hemd

ເສື້ອກັນໜາວ

trui

ເສື້ອຄຸມມີໝວກ

capuchontrui

ເສື້ອໃໝຍທີ່ຕິດກາໂຮງຮຽນຫຼືກາຫີ
ມກິລາ

blazer

ເສື້ອແຈັກເກັດ

jas

ເສື້ອນອກ

jas

ເສື້ອກັນຝົນ

regenjas

ເຄື່ອງແຕ່ງກາຍ

kostuum

ກະໂປ່ງ

jurk

ຊຸດແຕ່ງງານ

trouwjurk

ເສື້ອສູດ
pak

ຊຸດລາຕິ
nachthemd

ຊຸດນອນ
pyjama

ຊຸດຊາຕິ
sari

ຜ້າຄຸມຫົວ
hoofddoek

ຜ້າພັນຫົວ
tulband

ເສື້ອບຸຣເຄາະ
boerka

ເສື້ອຄຸມຄາຟຕານ
kaftan

ເສື້ອຄຸມອາບາຢາ
abaya

ຊຸດລອຍນ້ຳ
badpak

ໂສ້ງໃສ່ລອຍນ້ຳ
zwembroek

ໂສ້ງຂາສັ້ນ
short

ຊຸດອອມ
trainingspak

ຜ້າກັນເປື້ອນ
schort

ຖົງມື
handschoenen

ເສື້ອຜ້າ - kleding

ກະດຸມ

knoop

ແວ່ນຕາ

bril

ປອກແຂນ

armband

ສ້ອຍຄຳ

ketting

ແຫວນ

ring

ຕຸ້ມຫູ

oorbel

ໝວກແກັບ

pet

ກັ່ງແຂວນເສື້ອນອກ

kapstok

ໝວກ

hoed

ກາລະຫວັດ

das

ຊິບ

rits

ໝວກກັນກະທົບ

helm

ສາຍໂຍງໂສ້ງ

bretellen

ຊຸດມັທຍົມ

schooluniform

ເຄື່ອງແບບ

uniform

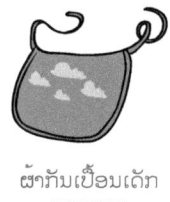

ຜ້າກັນເປື້ອນເດັກ

slabbetje

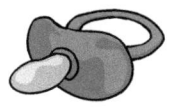

ຮູບຫຸ່ນ

fopspeen

ຜ້າອ້ອມ

luier

ຫ້ອງການ
kantoor

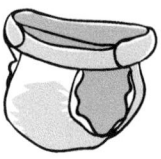

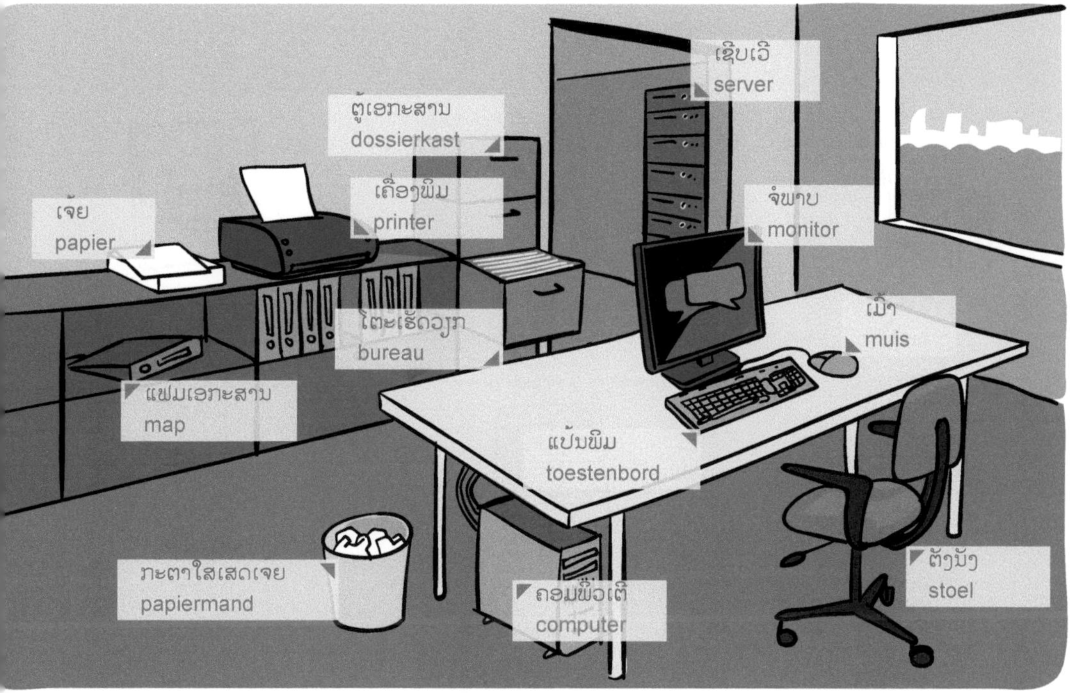

ເຊີບເວີ
server
ຕູ້ເອກະສານ
dossierkast
ເຄື່ອງພິມ
printer
ເຈ້ຍ
papier
ຈໍພາບ
monitor
ໂຕະເຮັດວຽກ
bureau
ເມົາ
muis
ແຟ້ມເອກະສານ
map
ແປ້ນພິມ
toestenbord
ກະຕາໃສ່ເສດເຈ້ຍ
papiermand
ຄອມພິວເຕີ
computer
ຕັ່ງນັ່ງ
stoel

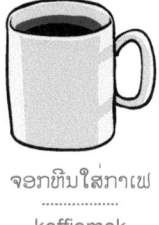

ຈອກທີ່ນໃສ່ກາເຟ

koffiemok

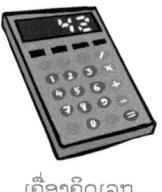

ເຄື່ອງຄິດເລກ

rekenmachine

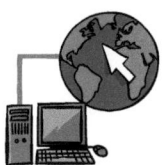

ອິນເຕີເນັດ

internet

ຄອມພິວເຕີ້ແລັບທ້ອບ

laptop

ຈົດໝາຍ

brief

ຂໍ້ຄວາມ

bericht

ໂທລະສັບມືຖື

gsm

ເຄືອຂ່າຍ

netwerk

ເຄື່ອງຖ່າຍເອກະສານ

kopieerapparaat

ຊອບແວ

software

ໂທລະສັບ

telefoon

ປັກໄຟ

stopcontact

ເຄື່ອງແຟັກ

fax

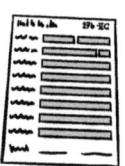

ແບບຟອມ

formulier

ເອກະສານ

document

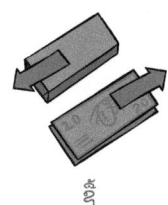

ຊື້

kopen

ຈ່າຍ

betalen

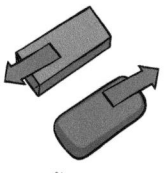

ຄ້າຂາຍ

handelen

ເງິນ

geld

ເງິນດອນລາ

dollar

ເງິນຍູໂຣ

euro

ເງິນເຢນ

yen

ເງິນຣູເບິ່ລ

roebel

ເງິນຝຣັ່ງສະວິດ

Zwitserse frank

ເງິນຢວນເຣິນພິນບີ້

Chinese renminbi

ເງິນຣູປີ

roepie

ເຄື່ອງສາລັບກົດເງິນສົດຈາກທະນ
ານຄານ

geldautomaat

ບ່ອນແລກປ່ຽນເງິນຕາ

wisselkantoor

ທອງຄຳ

goud

ເງິນ

zilver

ນ້ຳມັນ

olie

ພະລັງງານ

energie

ລາຄາ

prijs

ສັນຍາ

contract

ພາສີ

belasting

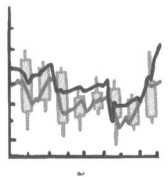

ຫຸ້ນ

aandeel

ເຮັດວຽກ

werken

ລູກຈ້າງ

werknemer

ນາຍຈ້າງ

werkgever

ໂຮງງານ

fabriek

ຮ້ານຄ້າ

winkel

ເຈົ້າໜ້າທີ່ຕຳຫຼວດ
politieagent

ພະນັກງານດັບເພີງ
brandweerman

ໝໍຄົວ
kok

ທ່ານໝໍ
dokter

ນັກບິນ
piloot

ຊາວສວນ

tuinman

ຊ່າງໄມ້

timmerman

ຊ່າງຫຍິບຜ້າທີ່ເປັນຜູ້ຍິງ

naaister

ຜູ້ພິພາກສາ

rechter

ນັກເຄມີ

chemicus

ນັກສະແດງຊາຍ

acteur

ຄົນຂັບລົດເມປະຈຳທາງ

buschauffeur

ຄົນຂັບແທັກຊີ

taxichauffeur

ຊາວປະມົງ

visser

ແມ່ບ້ານທຳຄວາມສະອາດ

schoonmaakster

ຊ່າງມຸງຫຼັງຄາ

dakdekker

ຄົນເສີບຂາຍ

ober

ນາຍພານ

jager

ຊ່າງທາສີ

schilder

ຄົນເຮັດເຂົ້າໜົມປັ້ງ

bakker

ຊ່າງໄຟຟ້າ

elektricien

ຊ່າງກໍ່ສ້າງ

bouwvakker

ວິສະວິກອນ

ingenieur

ຄົນຂາຍຊີ້ນ

slager

ຊ່າງນ້ຳປະປາ

loodgieter

ບູລຸດໄປສະນີ

postbode

ທະຫານ

soldaat

ສະຖາປະນິກ

architect

ພະນັກງານເກັບລິດ

kassier

ຄົນຂາຍດອກໄມ້

bloemist

ຊ່າງແຕ່ງຜົມ

kapper

ພະນັກງານກວດປີ້ລົດ

conducteur

ຊ່າງສ້ອມລົດຍົນ

mecanicien

ຜູ້ບັງຄັບການ

kapitein

ໝໍປົວແຂ້ວ

tandarts

ນັກວິທະຍາສາດ

wetenschapper

ພະໃນສາສະໜາຢິວ

rabbijn

ຜູ້ນຳຊາວມຸສລິມ

imam

ຄູບາ

monnik

ນັກບວດ

geestelijke

ເຄືອງມື
werktuigen

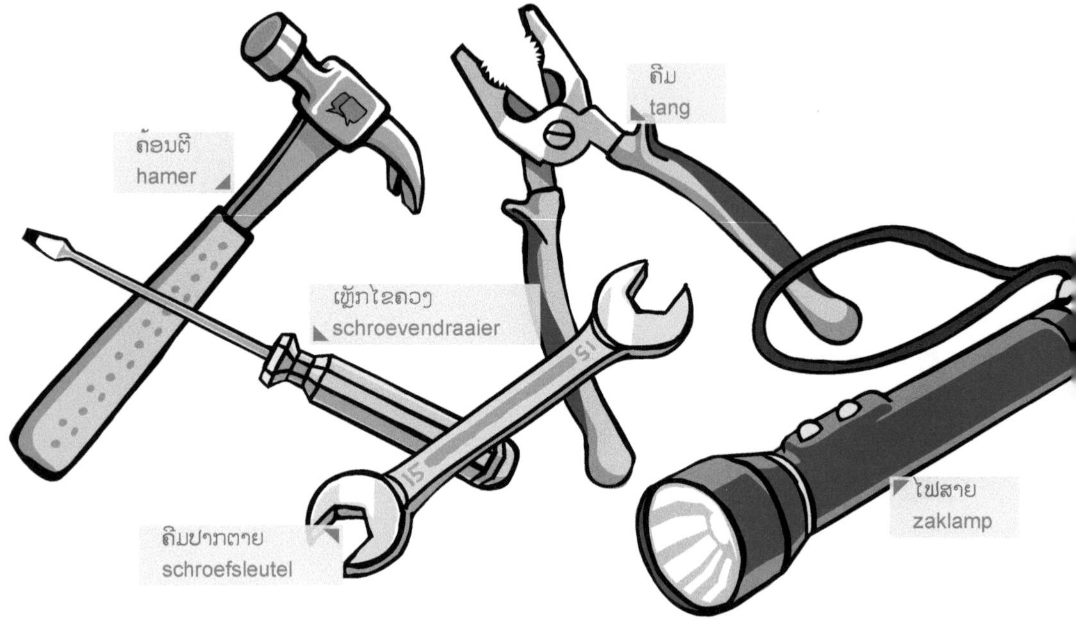
ຄ້ອນຕີ
hamer
ຄີມ
tang
ເຫຼັກໄຂຄວງ
schroevendraaier
ຄີມປາກຕາຍ
schroefsleutel
ໄຟສາຍ
zaklamp

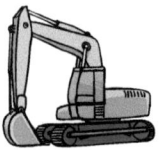

ເຄື່ອງຂູດ
....
graafmachine

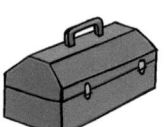

ກັບເຄື່ອງມື
....
gereedschapskoffer

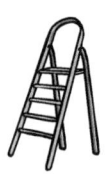

ຂັ້ນໄດ
....
ladder

ເລື່ອຍ
....
zaag

ຕະປູ
....
spijkers

ເຫຼັກຊີ
....
boormachine

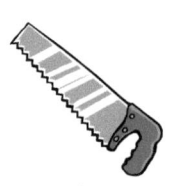

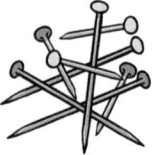

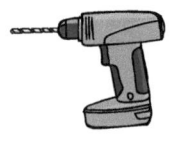

ສ້ອມແປງ

repareren

ຊ້ວານ

schop

ຕາຍຫ່າ!

Verdomme!

ຂອງຊ້ວານຂີ້ເຫຍື້ອ

blik

ກັ້ງສີ

verfpot

ຕະປູກຽວ

schroeven

ເຄື່ອງດົນຕີ
muziekinstrumenten

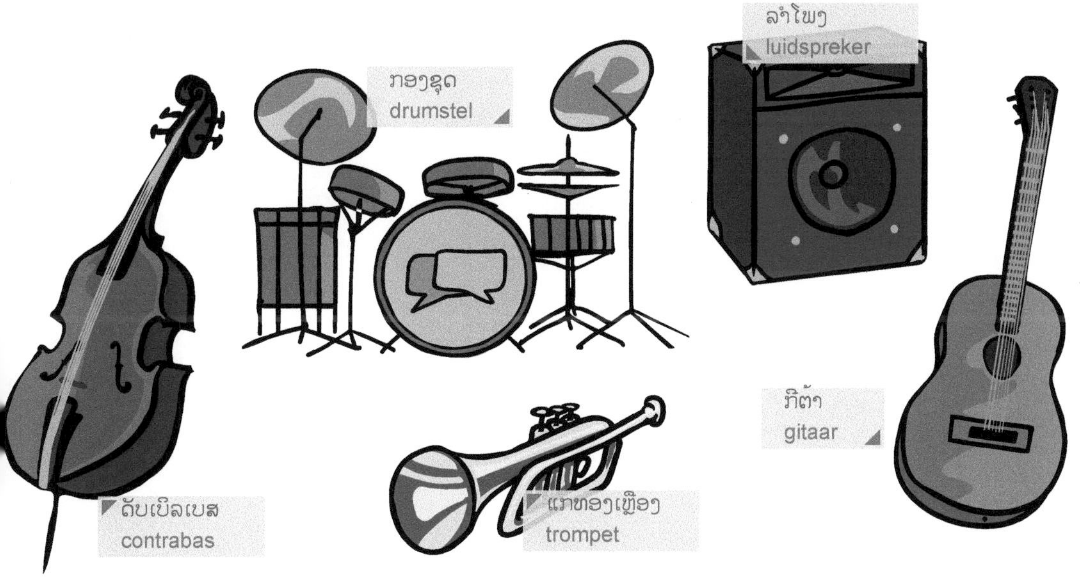

ລຳໂພງ
luidspreker

ກອງຊຸດ
drumstel

ກິຕ້າ
gitaar

ດັບເບິລເບສ
contrabas

ແກາທອງເຜື່ອງ
trompet

ເປຍໂນ

piano

ໄວໂອລິນ

viool

ເບສ

basgitaar

ກອງທິມປານີ

pauk

ກອງຊຸດ

trommels

ຄິບອດ

keyboard

ແຊັກໂຊໂຟນ

saxofoon

ຂຸ່ຍ

fluit

ໄມໂຄຣໂຟນ

microfoon

ເສືອ
tijger

ທາງເຂົ້າ
ingang

ກົງຂັງນົກ
kooi

ມ້າລາຍ
zebra

ອາຫານສັດ
diereneten

ໝີແພນດາ
panda

ສັດ
dieren

ຊ້າງ
olifant

ກັງກາຣູ
kangoeroe

ແຮດ
neushoorn

ລິງໂທມໃທຍ່
gorilla

ໝີ
beer

ອູດ
kameel

ນົກກະຈອກເທດ
struisvogel

ສິງໂຕ
leeuw

ລິງ
aap

ນົກຟລາມິງໂກ
flamingo

ນົກແກ້ວ
papegaai

ໝີຂົ້ວໂລກ
ijsbeer

ນົກເພັນກວິນ
pinguïn

ປາສະຫຼາມ
haai

ນົກຍຸງ
pauw

ງູ
slang

ແຂ້
krokodil

ຜູ້ເບິ່ງແຍງສວນສັດ
dierenverzorger

ແມວນ້ຳ
zeehond

ເສືອຈາກົວ
jaguar

ມ້ຳພັນນ້ອຍ

pony

ເສືອດາວ

luipaard

ຮິບໂປ

nijlpaard

ໂຕຈິຣາຟ

giraffe

ຫງ່ວ

adelaar

ໝູປ່າຕົວຜູ້

wild zwijn

ປາ

vis

ເຕົ່າ

zeeschildpad

ຊ້າງນ້ຳ

walrus

ໝາຈອກ

vos

ກວາງນ້ອຍ

gazelle

ອາເມລິກັນຟຸດບອນ
rugby

ຂີ່ລົດຖີບ
wielrennen

ກິລາເທນນິສ
tennis

ບັສເກັດບອລ
basketbal

ກິລາລອຍນ້ຳ
zwemmen

ຊົກມວຍ
boksen

ກິລາຕີຄັດເຄິ່ມນ້ຳແຂງ
ijshockey

ກິລາເຕະບານ
....
voetbal

ກິລາຕີດອກປິກໄກ່
....
badminton

ກິລາຍະເພດ ແລ່ນ
ເຕັ້ນແລະແກວ່ງ
....
atletiek

ແຮນບອລ
....
handbal

ກິລາສະກີ້
....
skiën

ກິລາໂປໂລມ້າ
....
polo

ເຕັ້ນ
springen

ກອດ
knuffelen

ທົວ
lachen

ຍ່າງ
wandelen

ຮ້ອງເພງ
zingen

ຝັນ
dromen

ໄຫວ້ພະ / ສວດມົນ
bidden

ຈູບ
kussen

ຂຽນ
schrijven

ແຕ້ມ
tekenen

ສະແດງ
tonen

ຍູ້
duwen

ໃຫ້
geven

ເອົາໄປ
nemen

ມີ
hebben

ເຮັດ
doen

ເປັນ
zijn

ຢືນ
staan

ແລ່ນ
lopen

ດຶງ
trekken

ໂຍນ
gooien

ລົ້ມ
vallen

ນອນຢຽດ
liggen

ລໍຖ້າ
wachten

ຫຶ້
dragen

ນັ່ງ
zitten

ແຕ່ງຕົວ
aankleden

ນອນຫຼັບ
slapen

ຕື່ນນອນ
ontwaken

ເບິ່ງ
kijken naar

ຮ້ອງໄຫ້
wenen

ລູບ
aaien

ຫວີຜົມ
kammen

ລົມ
praten

ເຂົ້າໃຈ
begrijpen

ຖາມຖາມ
vragen

ຟັງ
luisteren

ດື່ມ
drinken

ກິນ
eten

ຈັດໃຫ້ເປັນລະບຽບ
opruimen

ຮັກ
houden van

ຄົວກິນ
koken

ຂັບລົດ
rijden

ບິນ
vliegen

ກິດຈະກຳ - activiteiten

ແລ່ນເຮືອ
....
zeilen

ຄິດໄລ່
....
rekenen

ອ່ານ
....
Lezen

ຮຽນຮູ້
....
leren

ເຮັດວຽກ
....
werken

ແຕ່ງງານ
....
trouwen

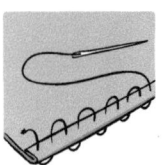

ທຍິບ
....
naaien

ແປງຟັນ
....
tandenpoetsen

ຂ້າ
....
doden

ສູບຢາ
....
roken

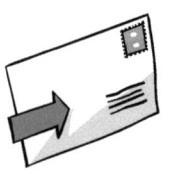

ສົ່ງ
....
sturen

ແມ່ເຖົ້າ
grootmoeder

ພໍ່ເຖົ້າ
grootvader

ພໍ່
vader

ແມ່
moeder

ເດັກເກີດໃໝ່
baby

ລູກສາວ
dochter

ລູກຊາຍ
zoon

ແຂກ
gast

ປ້າ
tante

ລຸງ
oom

ອ້າຍນ້ອງ
broer

ເອື້ອຍນ້ອງ
zus

ຮາງກາຍ

lichaam

ໜາຜາກ
voorhoofd
ຕາ
oog
ບ່າໄຫຼ່
schouder
ນິ້ວມື
vinger
ໃບໜ້າ
gezicht
ຄາງ
kin
ມື
hand
ໜ້າເອິກ
borst
ຂາ
been
ແຂນ
arm

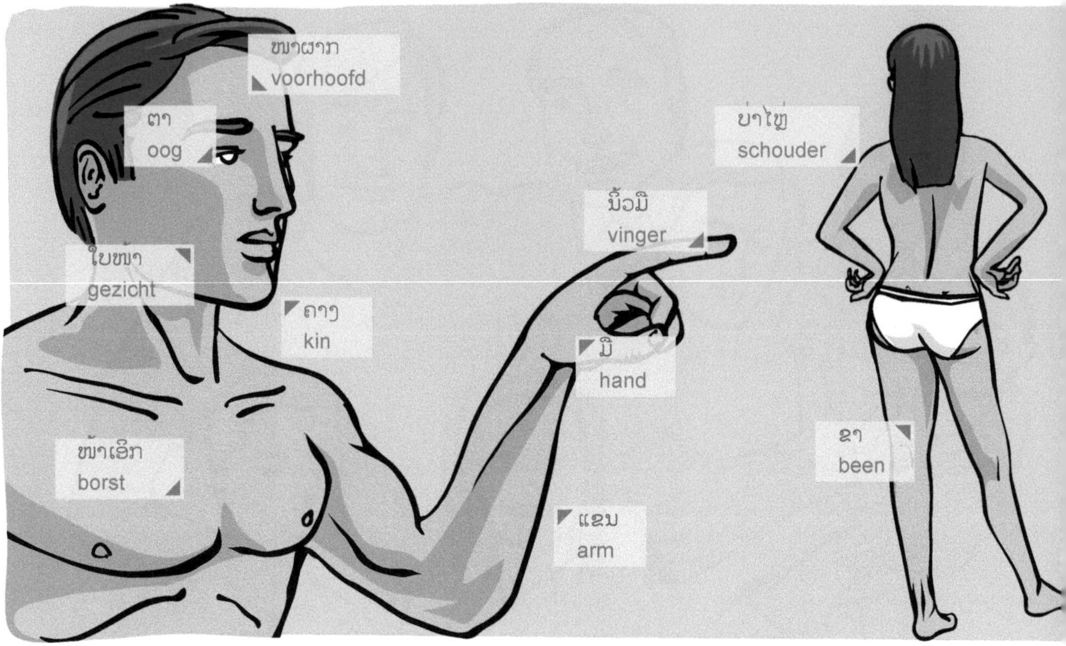

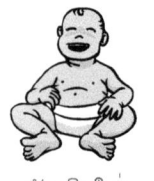

ເດັກເກີດໃໝ່

baby

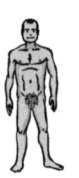

ຜູ້ຊາຍ

man

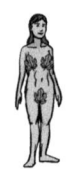

ຜູ້ຍິງ

vrouw

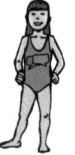

ເດັກຍິງ

meisje

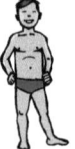

ເດັກຊາຍ

jongen

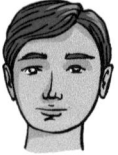

ຫົວ

hoofd

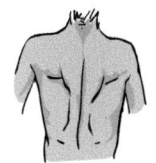

ຫຼັງ

rug

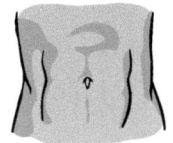

ທ້ອງ

buik

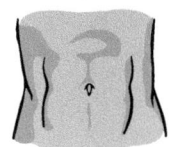

ສະບື

navel

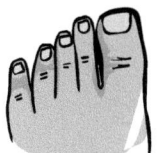

ນີ້ວຕີນ

teen

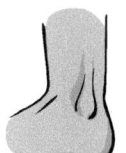

ສົ້ນຕີນ

hiel

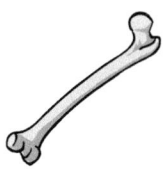

ກະດູກ

bot

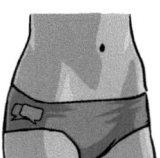

ກະໂພກ

heup

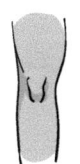

ຫົວເຂົ່າ

knie

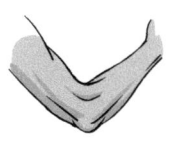

ແຂນສອກ

elleboog

ດັງ

neus

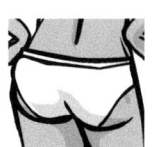

ກົ້ນ

zitvlak

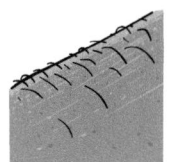

ຜິວໜັງ

huid

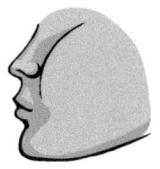

ແກ້ມ

wang

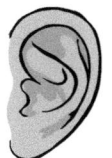

ຫູ

oor

ຮີມສົບ

lip

ປາກ

mond

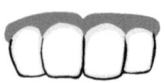

ແຂ້ວ

tand

ລີ້ນ

tong

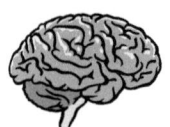

ສະໝອງ

hersenen

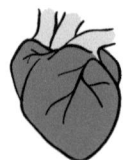

ຫົວໃຈ

hart

ກ້າມເນື້ອ

spier

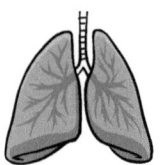

ປອດ

long

ຕັບ

lever

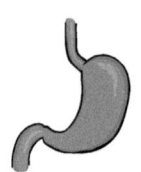

ກະເພາະ

maag

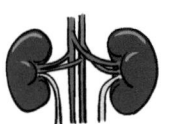

ໄຕ

nieren

ເພດສຳພັນ

seks

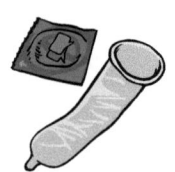

ຖົງຢາງອະນາໄມ

condoom

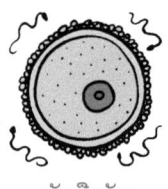

ເຊລສືບພັນ

eicel

ນ້ຳອະສຸຈິ

sperma

ການຖືພາ

zwangerschap

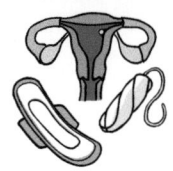

ປະຈຳເດືອນ

menstruatie

ຊ່ອງຄອດ

vagina

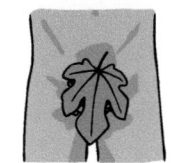

ອະໄວຍະວະເພດຊາຍ

penis

ຄິ້ວ

wenkbrauw

ເສັ້ນຜົມ

haar

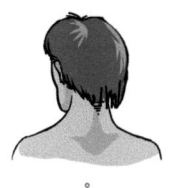

ຄໍ

nek

ໂຮງໝໍ
ziekenhuis

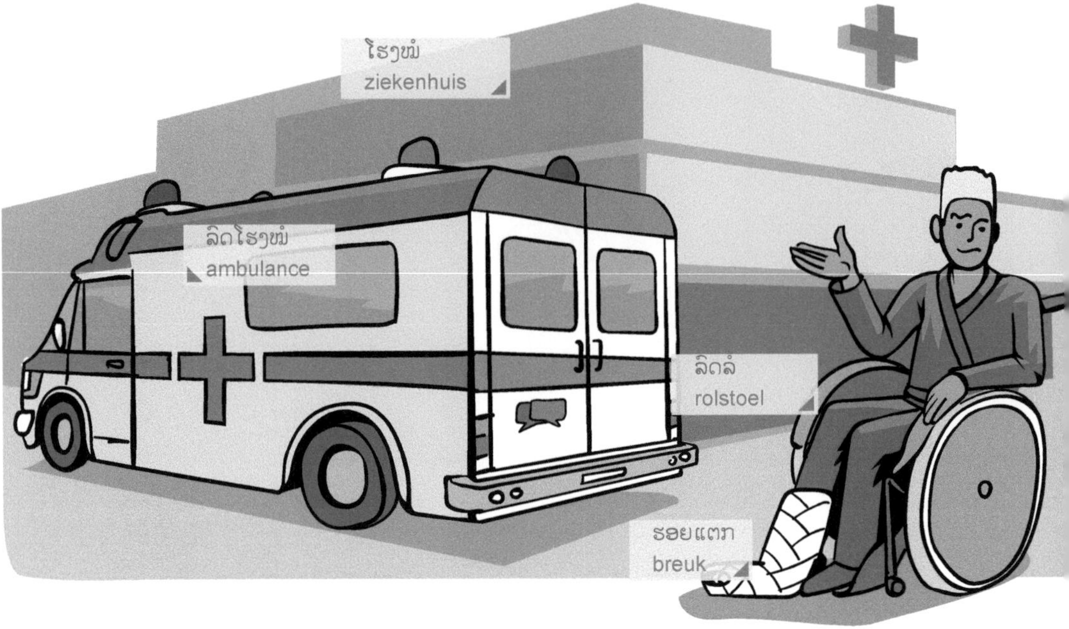

ໂຮງໝໍ
ziekenhuis
ລົດໂຮງໝໍ
ambulance
ລົດລໍ້
rolstoel
ຮອຍແຕກ
breuk

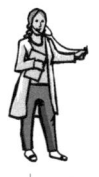

ທ່ານໝໍ

dokter

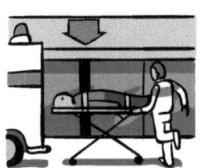

ຫ້ອງສຸກເສີນ

spoed

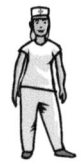

ພະຍາບານ

verpleegkundige

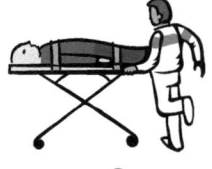

ສຸກເສີນ

noodgeval

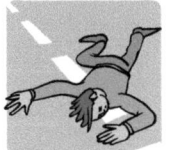

ໝົດສະຕິ

bewusteloos

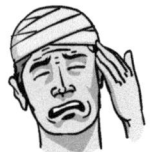

ອາການເຈັບປວດ

pijn

ການບາດເຈັບ

verwonding

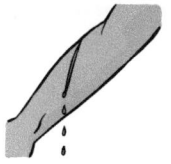

ເລືອດໄຫຼ

bloeding

ຫົວໃຈວາຍ

hartaanval

ໂຣກຫຼອດເລືອດໃນສະໝອງ

beroerte

ອາການແພ້

allergie

ໄອ

hoest

ໄຂ້

koorts

ໄຂ້ຫວັດ

griep

ຖອກທ້ອງ

diarree

ເຈັບຫົວ

hoofdpijn

ໂຣກມະເລັງ

kanker

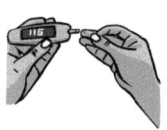

ພະຍາດເບົາຫວານ

diabetes

ໝໍຜ່າຕັດ

chirurg

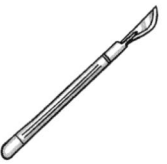

ມິດຜ່າຕັດ

scalpel

ການຜ່າຕັດ

operatie

ເຄື່ອງເອັກຊິເຣຄອມພິວເຕີ
CT

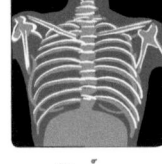

ເອັກຊ໌-ເຣ
röntgenstraal

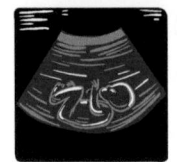

ອຸລຕຣາຊາວ (ultrasound)
ultrageluid

ຫນ້າກາກອະນາໄມ
gezichtsmasker

ພະຍາດ
ziekte

ຫ້ອງລໍຖ້າ
wachtkamer

ໄມ້ຄ້າຂົ້ແຮ້
kruk

ຜ້າຍາງຕິດບາດ
pleister

ຜ້າພັນແຜ
verband

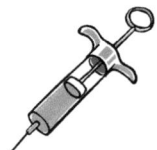

ສັກຢາ
injectie

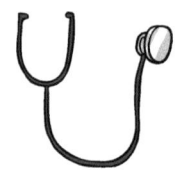

ເຄື່ອງຟັງປອດຫົວໃຈ
stethoscoop

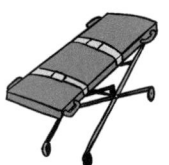

ເປຫາມຄົນເຈັບ
brancard

ບາໂຫວດວັດໄຂ້
thermometer

ການເກີດ
geboorte

ນ້ຳຫນັກເກີນ
overgewicht

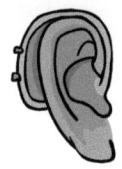

ເຄື່ອງຊ່ວຍຟັງ

hoorapparaat

ນ້ຳຢາຂ້າເຊື້ອ

ontsmettingsmiddel

ການຕິດເຊື້ອ

infectie

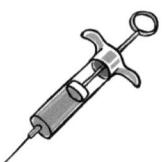

ເຊື້ອໄວຣັສ

virus

HIV / ເອດສ໌

HIV / AIDS

ຢາ

medicijn

ການສັກວັກຊິນ

vaccinatie

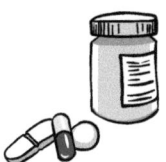

ຢາເມັດ

tabletten

ຢາເມັດ

pil

ໂທຣອກສຸກເສີນ

noodoproep

ເຄື່ອງວັດຄວາມດັນເລືອດ

bloeddrukmeter

ໄຂ້ / ສຸຂະພາບດີ

ziek / gezond

ຊ່ວຍດ້ວຍ!

Help!

ສັນຍານເຕືອນໄພ

alarm

ການທຳຮ້າຍຮ່າງກາຍ

overval

ການໂຈມຕີ

aanval

ອັນຕະລາຍ

gevaar

ທາງອອກສຸກເສີນ

nooduitgang

ໄຟໄໝ້!

Brand!

ບັ້ງດັບເພີງ

brandblusser

ອຸປະຕິເຫດ

ongeval

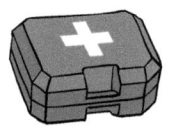

ຊຸດປະຖົມພະຍາບານຂັ້ນຕົ້ນ

EHBO-kit

ສັນຍານຂໍຄວາມຊ່ວຍເຫຼືອ

SOS

ຕຳຫຼວດ

politie

ເອີຣົບ

Europa

ອາເມລິກາເໜືອ

Noord-Amerika

ອາເມລິກາໃຕ້

Zuid-Amerika

ອາຟຣິກາ

Afrika

ເອເຊຍ

Azië

ອອສເຕຣເລຍ

Australië

ແອດແລນຕິກ

Atlantische Oceaan

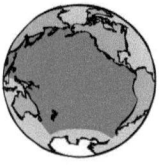

ປາຊີຟິກ

Stille Oceaan

ມະຫາສະໝຸດອິນເດຍ

Indische Oceaan

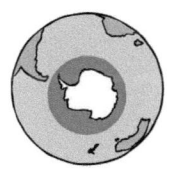

ມະຫາສະໝຸດແອນຕາຕິກ

Antarctische Oceaan

ມະຫາສະໝຸດອາກຕິກ

Arctische Oceaan

ຂົ້ວໂລກເໜືອ

Noordpool

ຂົ້ວໂລກໃຕ້

Zuidpool

ແອນຕາຣຕິກາ

Antarctica

ໂລກ

aarde

ດິນ

land

ທະເລ

zee

ເກາະ

eiland

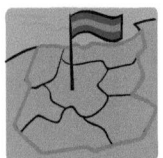

ຊາດ / ປະເທດຊາດ

natie

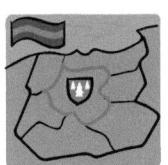

ລັດ

staat

ໜ້າປັດໂມງ

wijzerplaat

ເຂັມໂມງ

uurwijzer

ເຂັມນາທີ

minuutwijzer

ເຂັມວິນາທີ

secondewijzer

ຈັກໂມງແລ້ວ?

Hoe laat is het?

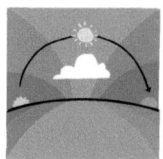

ວັນ

dag

ເວລາ

tijd

ຕອນນີ້

nu

ໂມງດິຈິຕອລ

digitale horloge

ນາທີ

minuut

ຊົ່ວໂມງ

uur

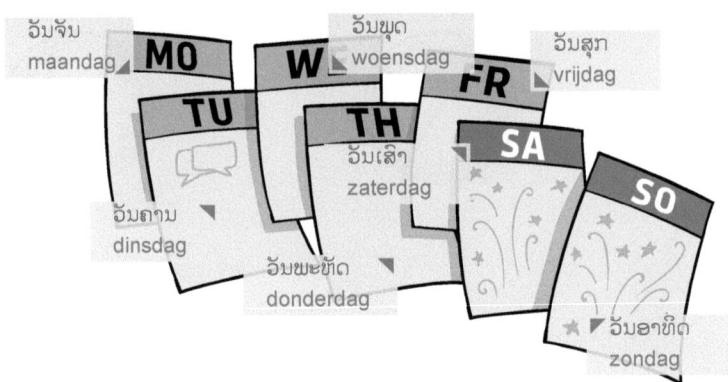

ອັນຈັນ maandag — MO
ອັນຄານ dinsdag — TU
ອັນພຸດ woensdag — W
ອັນພະຫັດ donderdag — TH
ອັນສຸກ vrijdag — FR
ອັນເສົາ zaterdag — SA
ອັນອາທິດ zondag — SO

ມື້ວານນີ້

gisteren

ມື້ນີ້

vandaag

ມື້ອື່ນ

morgen

ຕອນເຊົ້າ

ochtend

ຕອນທ່ຽງ

middag

ຕອນແລງ

avond

MO	TU	WE	TH	FR	SA	SU
1	2	3	4	5	6	7
8	9	10	11	12	13	14
15	16	17	18	19	20	21
22	23	24	25	26	27	28
29	30	31	1	2	3	4

ອັນເຮັດວຽກ

werkdagen

MO	TU	WE	TH	FR	SA	SU
1	2	3	4	5	6	7
8	9	10	11	12	13	14
15	16	17	18	19	20	21
22	23	24	25	26	27	28
29	30	31	1	2	3	4

ທ້າຍສັບປະດາ

weekend

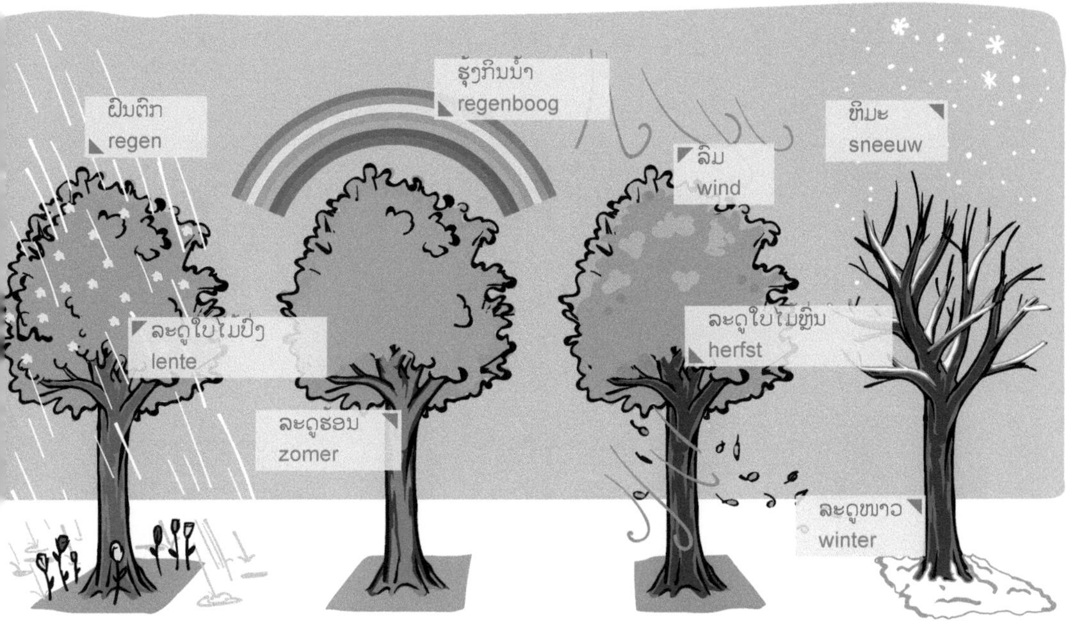

ຝົນຕົກ
regen
ຮຸ້ງກິນນໍ້າ
regenboog
ລົມ
wind
ຫິມະ
sneeuw
ລະດູໃບໄມ້ປົ່ງ
lente
ລະດູຮ້ອນ
zomer
ລະດູໃບໄມ້ຫຼົ່ນ
herfst
ລະດູໜາວ
winter

4.APRIL 11°
5.APRIL 4°
6.APRIL 13°
7.APRIL 8°
8.APRIL 10°

ການພະຍາກອນອາກາດ

weervoorspelling

F C
120 40
90 30
60 20
30 10
0 0
-30 -10
-20

ເຄື່ອງວັດອຸນຫະພູມ

thermometer

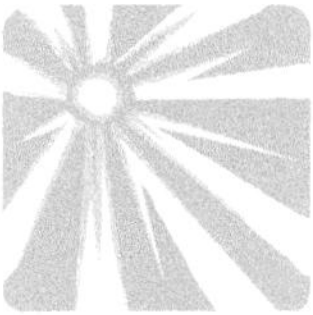

ແສງແດດ

zonneschijn

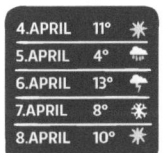

ຂີ້ເຝື້ອ

wolk

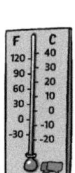

ໝອກ

mist

ຄວາມຊຸ່ມ

vochtigheid

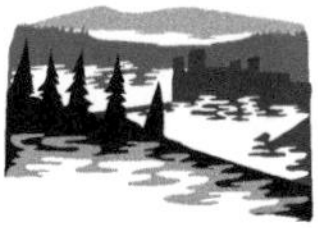

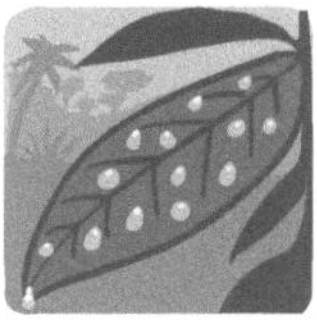

ສາຍຟ້າແມບ
bliksem

ຟ້າຮ້ອງ
donder

ພະຍຸ
storm

ໝາກເຫັບ
hagel

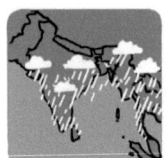

ລົມມໍລະສຸມ
moesson

ນ້ຳຖ້ວມ
overstroming

ນ້ຳກ້ອນ
ijs

ມັງກອນ
januari

ກຸມພາ
februari

ມີນາ
maart

ເມສາ
april

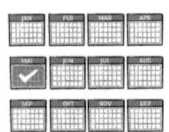

ພຶດສະພາ
mei

ມິຖຸນາ
juni

ກໍລະກົດ
juli

ສິງຫາ
augustus

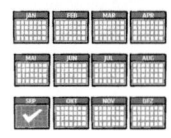

ກັນຍາ
....
september

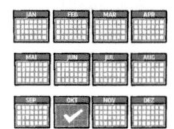

ຕຸລາ
....
oktober

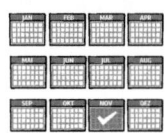

ພະຈິກ
....
november

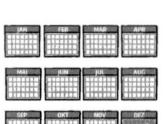

ທັນວາ
....
december

ຮູບຮ່າງ

vormen

ວົງມົນ
....
cirkel

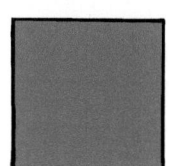

ສີ່ຫຼ່ຽມ
....
kwadraat

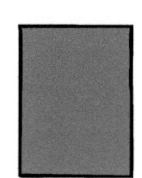

ຮູບສີ່ຫຼ່ຽມມຸມສາກ
....
rechthoek

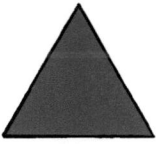

ສາມຫຼ່ຽມ
....
driehoek

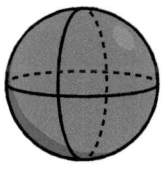

ໜ່ວຍກົມ
....
bol

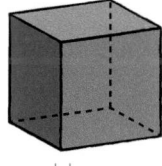

ຮູບສີ່ຫຼ່ຽມມິນທິກ
....
kubus

kleuren

ສີຂາວ

wit

ສີເຫຼືອງ

geel

ສີສົ້ມ

oranje

ສີບົວ

roze

ສີແດງ

rood

ສີມ່ວງ

paars

ສີຟ້າ

blauw

ສີຂຽວ

groen

ສີນ້ຳຕານ

bruin

ສີເທົາ

grijs

ສີດຳ

zwart

ຫຼາຍ / ນ້ອຍ

veel / weinig

ໃຈຮ້າຍ / ໃຈເຢັນ

boos / kalm

ງາມ / ຂີ້ຮ້າຍ

mooi / lelijk

ການເລີ່ມຕົ້ນ / ການສິ້ນສຸດ

begin / einde

ໃຫຍ່ / ນ້ອຍ

groot / klein

ແຈ້ງ / ມືດ

licht / donker

ນ້ອງຊາຍຫຼືອ້າຍ /
ນ້ອງສາວຫຼືເອື້ອຍ

broer / zus

ສະອາດ / ເປື້ອນ

proper / vuil

ສຳເລັດ / ບໍ່ສຳເລັດ

volledig / onvolledig

ກາງວັນ / ກາງຄືນ

dag / nacht

ຕາຍ / ມີຊີວິດ

dood / levend

ກວ້າງ / ແຄບ

breed / smal

ກິນໄດ້ / ກິນບໍ່ໄດ້

eetbaar / oneetbaar

ຊົ່ວຮ້າຍ / ໃຈດີ

kwaadaardig / vriendelijk

ຫ້າຕື່ນເຕັ້ນ / ຫ້າເບື່ອ

opgewonden / verveeld

ອ້ວນ / ຈ່ອຍ

dik / dun

ທຳອິດ / ສຸດທ້າຍ

eerst / laatst

ເພື່ອນ / ສັດຕູ

vriend / vijand

ເຕັມ / ອ່າງເປົ່າ

vol / leeg

ແຂງ / ນຸ້ມ

hard / zacht

ໜັກ / ເບົາ

zwaar / licht

ຄວາມຫິວ / ຄວາມຫິວນ້ຳ

honger / dorst

ໄຂ້ / ສຸຂະພາບດີ

ziek / gezond

ຜິດກົດໝາຍ / ຖືກກົດໝາຍ

illegaal / legaal

ສະຫຼາດ / ໂງ່

intelligent / dom

ຊ້າຍ / ຂວາ

links / rechts

ໃກ້ / ໄກ

dichtbij / veraf

ໃໝ່ / ໃຊ້ແລ້ວ

nieuw / gebruikt

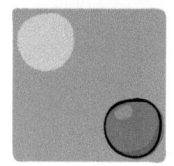

ບໍ່ມີຫຍັງ / ບາງສິ່ງບາງຢ່າງ

niets / iets

ແກ່ / ໜຸ່ມ

oud / jong

ເປີດ / ປິດ

aan / uit

ເປີດ / ປິດ

open / dicht

ງຽບ / ດັງ

stil / luid

ຮັ່ງມີ / ຍາກຈົນ

rijk / arm

ຖືກ / ຜິດ

juist / fout

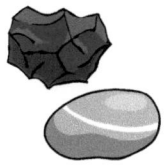

ບໍ່ລຽບ / ລຽບ

ruw / glad

ໂສກເສົ້າ / ດີໃຈ

droevig / blij

ສັ້ນ / ຍາວ

kort / lang

ຊ້າ / ໄວ

traag / snel

ປຽກ / ແຫ້ງ

nat / droog

ອົບອຸ່ນ / ໜາວເຢັນ

warm / koud

ສົງຄາມ / ສັນຕິພາບ

oorlog / vrede

ຕົວເລກ / จำนวน

cijfers

0 ສູນ
nul

1 ໜຶ່ງ
één

2 ສອງ
twee

3 ສາມ
drie

4 ສີ່
vier

5 ຫ້າ
vijf

6 ຫົກ
zes

7 ເຈັດ
zeven

8 ແປດ
acht

9 ເກົ້າ
negen

10 ສິບ
tien

11 ສິບເອັດ
elf

12

ສິບສອງ

twaalf

13

ສິບສາມ

dertien

14

ສິບສີ່

veertien

15

ສິບຫາ

vijftien

16

ສິບຫົກ

zestien

17

ສິບເຈັດ

zeventien

18

ສິບແປດ

achtien

19

ສິບເກົ້າ

negentien

20

ຊາວ

twintig

100

ໜຶ່ງຮ້ອຍ

honderd

1.000

ໜຶ່ງພັນ

duizend

1.000.000

ໜຶ່ງລ້ານ

miljoen

ພາສາອັງກິດ

Engels

ພາສາອັງກິດແບບອາເມລິກັນ

Amerikaans Engels

ພາສາຈິນແມນດາຣິນ

Chinees (Mandarijn)

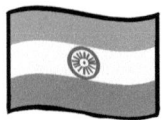

ພາສາຮິນດິ

Hindi

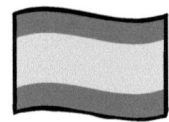

ພາສາສະເປນ

Spaans

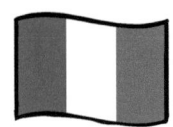

ພາສາຝຣັ່ງເສດ

Frans

ພາສາອາຣັບ

Arabisch

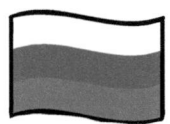

ພາສາຣັດເຊຍ

Russisch

ພາສາປ໋ອກຕຸຍການ

Portugees

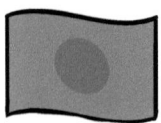

ພາສາແບງກາອລ

Bengali

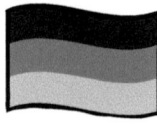

ພາສາເຢຍລະມັນ

Duits

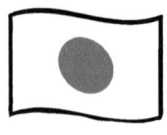

ພາສາຍີ່ປຸ່ນ

Japans

ຂ້ອຍ

ik

ເຈົ້າ

u

ລາວ (ຜູ້ຊາຍ) / ລາວ (ຜູ້ຍິງ) / ມັນ

hij / zij / het

ພວກເຮົາ

wij

ພວກເຈົ້າ

u

ພວກເຂົາ

ze

ໃຜ?

wie?

ແມ່ນຫຍັງ?

wat?

ແນວໃດ?

hoe?

ຢູ່ໃສ?

waar?

ເມື່ອໃດ?

wanneer?

ຊື່

naam

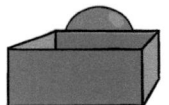

ຢູ່ຫາງຫົວ

achter

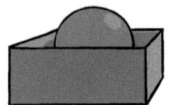

ໃນ

in

ຢູ່ຫາງຫນ້າ

voor

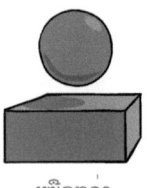

ເໜືອກວ່າ

boven

ຢູ່ເທິງ

op

ຢູ່ກ້ອງ

onder

ຫາງຂ້າງ

naast

ຢູ່ລະຫວ່າງ

tussen

ສະຖານບທີ່

plaats